4 aout 1784

l'auteur de l'Eloge prononcé par le s
Colie en M. l'Abbé Charbonel &
le censeur l'Abbé Capperonier. Je
prie Monsieur Delalande de ne
faire aucun usage de cette notice.

—

Il en fait mention du Dante dans
le Journal des savans de 7.bre 1678
& dans un precedent dont j'ai
egaré la date; de même que dans
le Dictionaire de l'Abbé Ladvocat.
Lana a fait le rapport du passage
au vol d'un bras du Lac de
Trasimene sans le nom de celui
qui l'avoit executé en se cassant
une cuisse. Il avoit dit il oublié
ce nom.

Bourgeois a l'honneur de presenter
ses tres humb. devoirs à Monsieur
Delalande.

Note de Mr Bourgeois, janvier 1834.

Extrait de l'année littéraire de Freron 1760 tome 7 page 114, du 15 9bre

On rend compte d'une très [illegible] intitulée Éloge [illegible] prononcé par [illegible] la [illegible] de [illegible] [illegible] franche [illegible] [illegible] [illegible] article [illegible] Personne n'ignore que [illegible] esprit [illegible] &, [illegible] [illegible] étant [illegible], il tomba [illegible] [illegible] [illegible] [illegible] [illegible] [illegible] [illegible] [illegible] [illegible] [illegible] [illegible] [illegible] par [illegible] le premier malgré [illegible] [illegible] [illegible] l'éloge est [illegible] [illegible] [illegible] [illegible] [illegible] [illegible] [illegible]

L'auteur de cette brochure m'est connu. Il fut mis à ce sujet [illegible] [illegible] fort l'éloge [illegible] qui [illegible] [illegible] [illegible] [illegible] [illegible] [illegible] [illegible]

Mr de Bosquet[illegible] le fils est allié avec la maison d'Aligre [illegible]

Monsieur [illegible] [illegible] [illegible] par [illegible] [illegible] qu'il [illegible] [illegible] [illegible] & de [illegible] [illegible] [illegible] fait [illegible] [illegible] [illegible] [illegible] [illegible] [illegible] [illegible] [illegible] [illegible] [illegible] [illegible]

RECHERCHES

SUR

L'ART DE VOLER,

DEPUIS LA PLUS HAUTE ANTIQUITÉ

JUSQU'A CE JOUR;

POUR servir de Supplément à la Description des Expériences aérostatiques de M. Faujas de Saint-Fond.

Par M. DAVID BOURGEOIS.

> Huccine mortalis progressa potentia curæ?
> CLAUD. *de sphæra Arch.*

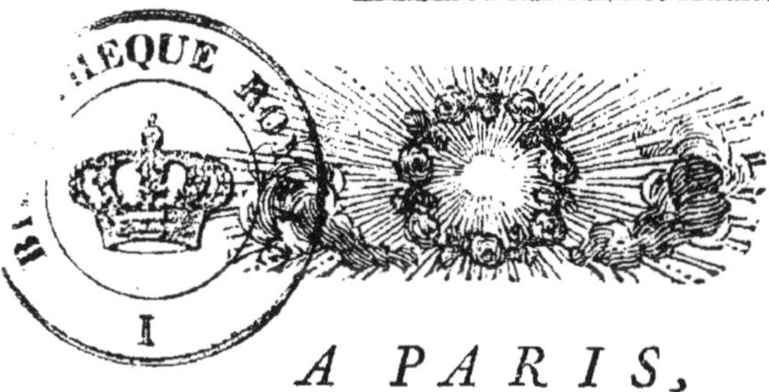

A PARIS,

Chez CUCHET, rue & hôtel Serpente.

M. DCC. LXXXIV.

Avec Approbation & Privilège du Roi.

INTRODUCTION.

LES progrès de l'entendement humain ſont bien dignes d'être obſervés. Lent dans ſa marche, arrêté quelquefois, malgré mille efforts, pendant des ſiècles, par des difficultés & des obſtacles, l'objet qui occupe ſes travaux & ſes recherches, paroît fuir & s'échapper ſans ceſſe; on le jugeoit ſouvent vain & chimérique, lorſque l'inſtant arrive où un foible rayon en indique la trace; le grand jour ſuccède auſſi-tôt à la nuit la plus ſombre.

L'époque d'une découverte importante offre enſuite un ſpectacle, où le jeu des paſſions, des caractères ſi variés & des opinions des hommes, cauſe des fermentations, des diſputes, des exclamations outrées, des ironies fades, des réclamations ineptes, des prétentions injuſtes, des concurrences révoltantes, &c. &c.

On a remarqué tous ces effets depuis l'élévation du Ballon d'Annonai. Tandis que le phyſicien-géomètre conſacroit ſes veilles à étudier un moyen ſi ſimple & ſi beau de poſſéder la route des airs, & qu'il en recevoit le don avec reconnoiſſance des mains des inventeurs; tandis que le ſage ſe félicitoit des bienfaits qui alloient ſe répandre ſur l'humanité; tandis que le bon patriote s'enorgueilliſſoit d'une ſi grande découverte faite dans le ſein de ſa nation, quels bourdonnemens, quels cris, quels murmures n'ont pas aſſourdi la multitude! Le langage de la raiſon a prévalu ſous le plus beau & le plus heureux des règnes; les récompenſes & les encouragemens du gouvernement ont impoſé le ſilence aux clameurs, & mieux éclairé le vulgaire que les raiſons.

Les réclamations en faveur des anciens & des ſavans des ſiècles derniers, avoient fait de fortes impreſſions. Parmi la claſſe des érudits, gens la plupart très-eſtimables & très-utiles, il en eſt, comme par-tout ailleurs, qui abuſeut de leurs connoiſſances. Ils font retentir continuellement, qu'autrefois on a tout ſu, on a tout dit, on a tout fait.

La première réclamation ſérieuſe ſur l'art du vol, rappella le nom de Lana. Son ouvrage étoit très-rare; je fus à la Bibliothèque du Roi pour le consulter, & je me convainquis qu'il ne contenoit aucun titre de prétention légitime. Je lus Borelli, qu'on citoit avec emphase, & je le reconnus être un antagoniste de Lana, au lieu d'être son soutien, comme on l'assuroit, en abusant d'extraits isolés. Je parcourus l'ouvrage de Paschius de Dantzig sur les nouvelles inventions, & j'y vis une compilation d'idées incertaines & de faits malheureux concernant le vol. Me trouvant au milieu de ce vaste dépôt des connoissances humaines, unique sur la terre par l'immensité de ses richesses littéraires, je conçus le projet de remonter aux sources les plus antiques, & de scruter tout ce qui se seroit imaginé ou fait sur l'aérostatique, pour dégager la gloire de MM. de Montgolfier de ses faux nuages, ou la réduire à ses justes bornes, si la vérité l'exigeoit. Un second motif se joignit à mes réflexions. Dans le cas où les tems passés n'offriroient rien de satisfaisant complettement pour l'art du vol, il étoit possible que je recueillisse quelques moyens utiles pour augmenter &

étendre la théorie & la pratique de ſa découverte.

Ces idées ſi naturelles l'étoient bien plus encore dans le lieu où j'étois. La belle adminiſtration & le grand ordre qui y règne, l'aménité de M. l'abbé des Aunais qui en eſt le chef, ſon accueil ſi obligeant aux demandes, la promptitude avec laquelle elles ſont ſatisfaites, l'empreſſement & la politeſſe de tous ſes coopérateurs, excitent le plus vif intérêt, & décèlent l'amour éclairé des ſciences & des lettres qui l'anime. Je voyois en lui un ſavant bibliographe dont les lumières & les ſecours indiſpenſables m'étoient offerts. Dans ce tribut de ma reconnoiſſance, je décrirois ſes autres excellentes qualités, ſi je n'étois pas arrêté par les ménagemens que je dois à ſa rare modeſtie. Je lui communiquai mon deſſein ; il l'approuva, m'encouragea, & j'écrivis.

TABLE
DES PRINCIPAUX ARTICLES.

RECHERCHES

RECHERCHES SUR *L'ART DE VOLER.*

L'IDÉE de s'élever dans les airs, d'y voler, d'y naviger, a toujours occupé si fort les hommes, qu'on la retrouve dans les fables de la plus haute antiquité & dans les contes. Les aîles de Saturne, l'aigle de Jupiter, les paons de Junon, les colombes de Vénus, les chevaux aîlés du Soleil, les aîles de Mercure & celles dont il fait don à Persée pour l'aider à combattre Méduse; Pégase dompté par Bellérophon, qui s'en sert pour détruire la chimère; Médée enlevée par ses dragons & soustraite à la juste vengeance de Jason; jusqu'à un bélier délivrant Phrixus & Hellé des mauvais traitemens d'Athamas en les transportant, par les airs, dans de plus heureux climats; toutes ces fictions, & plusieurs autres, entretenoient chez les peuples le déſir du vol. Je n'en entreprendrai point l'explication. Pour bien prononcer ſur l'antiquité, il faudroit avoir été initié à ſes myſtères ; il faudroit avoir aſſiſté aux écoles d'un Démocrite, d'un Ariſtote, d'un Platon ; il faudroit ſur-tout avoir été admis au nombre de ces diſciples chéris & privilégiés auxquels le maître, dans des leçons ſecrètes, préſentoit & développoit ces vérités antiques cachées ſoigneuſement aux profanes, parce que leur découverte auroit ébranlé les autels, en dévoilant le principe naturel des preſtiges qui enchaînoient la multitude à ſes faux dieux.

Indépendamment de tant de tableaux ſéducteurs, une infinité de motifs concouroient à cimenter le déſir du vol ; l'inſtinct de la nature, les mouvemens des paſſions, des utilités innombrables, le langage de la raiſon, celui de la ſageſſe ; car le ſage même oſa en former le vœu.

L'homme né inquiet, entreprenant, plus ambitieux de ce qu'il n'a pas, qu'attentif à jouir de ce qu'il poſsède, jaloux ſur-tout de la primauté ſur les autres êtres qui foulent avec lui la terre, n'a point vu avec indifférence les oiſeaux poſſéder ſeuls le domaine des airs. Une mère abſente de ſon fils, un ami éloigné de ſon ami, un citoyen de ſa patrie qui réclame ſes ſervices; mais ſur-tout l'amante de ſon amant, quel prix n'auroient-ils pas attaché à l'inſtrument d'une prompte réunion! Quel bienfait pour Héro, ſi Léandre eût pu diminuer ainſi ſes travaux trop périlleux & funeſtes & lui être conſervé! Quels tranſports Sapho n'auroit-elle pas éprouvés en atteignant Phaon dans ſa pourſuite, pour au moins lui reprocher ſon infidélité! Alexandre n'auroit pas répandu des larmes aux bords de la mer qui arrêtoit ſes conquêtes; il ſe ſeroit élevé au plus haut des airs pour découvrir des terres nouvelles qui ſerviſſent d'aliment à ſon ambition.

Malgré tous ces motifs & un grand nombre d'avantages inſignes que j'indiquerai ci-après, la multitude perdoit de vue l'idée du vol. L'inutilité des tentatives qui avoient précédé, & les malheurs que pluſieurs avoient cauſés, inſpiroient la crainte & la perſuaſion de l'impoſſibilité du ſuccès. Ceux qui s'en occupoient encore étoient expoſés à la critique & preſque à la dériſion du public. Ambitieux de tout envahir, leur diſoit-on, où portez-vous votre audace? Ne vous laſſerez-vous point de vous précipiter dans des entrepriſes téméraires & effrayantes? MM. Montgolfier paroiſſent, ils déchirent le voile ſous lequel l'art étoit caché. Leurs mains ſavantes circonſcrivent une grande capacité d'air avec une enveloppe. Le feu introduit dans ſon centre, y déploie ſa puiſſance. L'air raréfié s'élève & entraîne avec ſoi des poids conſidérables. Des hommes courageux & intrépides s'y établiſſent une demeure & ſe tranſportent avec confiance dans le vague des airs aux yeux de la terre étonnée. L'univers ſaiſi d'admiration rend ſes hommages aux auteurs d'une découverte ſi intéreſſante, & leur décerne les couronnes immortelles réſervées au génie.

Je me ſuis propoſé de remonter aux tems les plus reculés, & d'en redeſcendre juſqu'à nos jours pour y faire la recherche des faits, des idées & des eſſais qui ont rapport à cet art important. Les écueils que l'on rencontre en parcourant cet eſpace, ſont ſans nombre. L'hiſtorien s'eſt ſouvent abandonné au goût du vulgaire pour le merveilleux, & l'a plus d'une fois partagé. L'imagination fantaſtique du poëte a altéré la plupart des faits & en a beaucoup créé. Des monumens élevés pour perpétuer à toujours les ſouvenirs & les connoiſſances, ont été renverſés; &, dans le très-petit nombre de ceux qui ſubſiſtent encore, on en voit qui ſont chargés de caractères inconnus & inintelligibles. Pluſieurs ouvrages précieux, qui méritoient l'immortalité, ont été la proie des flammes, des vers & des barbares.

La ſcience qui ſe tranſmettoit de bouche en bouche, n'a plus eu de promulgateurs. Les travaux fructueux des ſiècles paiſibles, ont été perdus tour-à-tour dans les ſiècles tumultueux, & les malheurs ſucceſſifs de la terre, ont maintenu long-tems l'empire fatal de l'ignorance. Le retour des arts & des ſciences eſt très-récent. Deux ſiècles ne ſont pas écoulés depuis les perſécutions que Galilée eut à endurer pour avoir recouvré des vérités connues trois mille ans auparavant. Les Antipodes ont été conſidérées comme chimériques & extravagantes, quoiqu'on eût cru, il y a quatre mille ans, qu'Abaris avoit fait le tour de la terre.

Ce voyage d'Abaris eſt entièrement dans le genre merveilleux, incroyable & inintelligible. Il l'avoit exécuté, diſoit-on, en volant avec le ſecours d'une flèche qu'il avoit reçue d'Apollon. C'étoit un dard d'or qui avoit ſervi à celui-ci dans pluſieurs guerres, & qu'il avoit enterré ſous une montagne, lorſque, pourſuivi par la colère de Jupiter, il fut obligé de s'enfuir. Cette colère appaiſée, il reprit ce dard; & ayant viſité les Hyperboréens, il en fit don à Abaris, en reconnoiſſance de ce qu'il avoit célébré ſon arrivée par des chants dignes de lui. La courſe d'Abaris autour de la terre eſt rapportée par Diodore

ABARIS.

de Sicile. Jamblique s'eſt borné à écrire que, lorſqu'il ſe mettoit ſur le dard dont l'Apollon vénéré chez les Hyperboréens lui avoit fait don, il traverſoit par l'air les fleuves, les mers, & les lieux inacceſſibles. Dans des ſiècles d'ignorance, même juſqu'au dernier, on a comparé ce dard au manche à balai qui ſervoit à tranſporter les ſorcières, entre deux airs, à l'aſſemblée ſabbatique. Aujourd'hui on peut y reconnoître un inſtrument propre à meſurer les diſtances éloignées, ou chargé d'indices qui tenoient lieu d'itinéraire, puiſqu'il eſt dit que, ſans ce dard, Abaris ne pouvoit pas diſcerner les chemins qu'il devoit ſuivre. Les adeptes y voient évidemment un témoignage de ſon initiation aux ſecrets d'Hermès. Quoi qu'il en ſoit, il ne fournit aucune indication utile pour l'art du vol, & je finis ſon article en obſervant que je crois qu'il ne faut point confondre cet ancien Abaris avec celui qui accompagna Anacharſis à Athènes, du tems de Solon. On lui attribue une théogonie, des oracles, un livre de prières expiatoires & un chant ſur les nôces de l'Ebre, avec celui en l'honneur d'Apollon.

CAPNOBATÈS. Les Hyperboréens fourniſſent encore un autre doute ſur l'art du vol. Pluſieurs nations étoient connues ſous cette dénomination, & les principales étoient les Scythes, les Myſes & les Thraces. Parmi ces derniers, une ſecte d'hommes religieux profeſſoit des mœurs auſtères & une frugalité extrême; ils étoient reſpectés & conſidérés comme ſacrés; ils s'abſtenoient de l'uſage des femmes & des viandes: on les ſurnommoit Capnobatès, qui s'élèvent par la fumée.

Le grand rôle que pluſieurs écrivains peu inſtruits ont fait jouer à la fumée, comme ſi elle eût été l'agent dont MM. de Montgolfier ſe ſervoient, ce qui a été en même-tems énigmatique pour l'Europe ſavante, & principe d'erreur pour la multitude, donne quelque curioſité d'éclaircir ce que Strabon a entendu par cette dénomination. On la trouve dans ſon ſeptième livre, & il la tenoit de Poſſidonius. Elle a fort embarraſſé ſes commentateurs; & l'opinion la plus vraiſemblable eſt celle de l'un d'eux, qui ſubſtitue Capnioi à Capnobatès: on lit alors, vivans de fumée, ce qui exprime très-bien leur grande frugalité. Cependant le vraiſemblable ne ſuffit pas pour être certain de la vérité.

Entre pluſieurs contes d'une nation ſauvage, qui remontent à l'époque de notre origine, on en remarque où la fumée eſt le principal agent de l'élévation d'un homme dans les airs. Ils ſont recueillis dans les Lettres édifiantes & curieuſes, CAROLINIENS.

Mémoires des Indes, tome XV. Le père Cantova, jésuite missionnaire, écrit d'Agdana, en date du 20 mars 1722, au père d'Aubenton, confesseur du roi d'Espagne : Agdana est un port des îles Philippines. Il y étoit arrivé un bâtiment des îles Carolines, égaré par la tempête. Les Carolines sont situées entre les Philippines & les Terres Australes. Les missionnaires avoient accueilli les passagers en leur accordant une bonne hospitalité. Cantova s'étant étudié à connoître leur langage, y trouva du rapport à un arabe corrompu, & il parvint à s'entretenir avec eux. Il en apprit qu'ils n'ont ni temples, ni idoles, ni sacrifices, ni offrandes, ni aucun culte extérieur. Leur croyance est bornée à celle des esprits célestes, bienfaisans & malfaisans. Un de ces esprits femelles étant descendu sur la terre pour y accoucher, elle y donna le jour à trois enfans. Elle trouva la terre aride & infertile; elle la couvrit d'herbes, de fleurs, d'arbres fruitiers, & la peupla d'hommes raisonnables. Au commencement les hommes ne connoissoient pas la mort, mais un mauvais esprit, qui se faisoit un supplice de leur bonheur, la leur procura.

Un de ces principaux esprits bienfaisans ayant épousé une femme terrestre, en eut un fils. Oulefat (c'étoit son nom) apprit que son origine étoit céleſte, il fut impatient de voir ſon père, & il prit ſon vol vers le ciel; mais à peine élevé dans les airs, il retomba ſur la terre. Cette chûte le déſola; il pleura amèrement ſa mauvaiſe deſtinée, toutefois ſans ſe déſiſter de ſon premier deſſein. Il alluma un grand feu, &, à l'aide de la fumée, il fut porté une ſeconde fois en l'air, & parvint à jouir des embraſſemens de ſon père céleſte.

Ils ont un autre eſprit qui, ayant été chaſſé du ciel pour ſes manières inciviles & groſſières, apporta ſur la terre le feu qui avoit été inconnu juſqu'alors.

Il y a dans une de leurs îles, un petit étang d'eau douce, où leurs dieux, diſent-ils, vont ſe baigner; aucun inſulaire n'oſe s'en approcher par reſpect pour ces divinités, & dans la crainte d'encourir leur indignation. Le père Cantova fait obſerver que ces deux dernières fables ont beaucoup de rapport avec celles de Prométhée, & de Diane & d'Actéon.

Saut de Leucade.

Les oiſeaux que les hommes imaginoient avoir tranſporté dans les airs leurs dieux & leurs héros, leur donnèrent l'idée de s'en ſervir pour jouir de ces avantages. Un ancien uſage que les Leucadiens pratiquoient annuellement, nous retrace cette idée ſi naturelle. Sur un rocher coupé dans la mer au bout de leur péninſule, ils avoient élevé un temple dédié à Apollon; ils y célébroient tous les ans un ſacrifice d'hommes vivans, choiſis parmi les criminels dignes de mort. On couvroit leurs corps de plumes ſuſpendues, & on les attachoit par des cordes à de gros oiſeaux. Dans cet état, on les précipitoit du haut du rocher : on les attendoit ſur la mer au milieu des flots, où ils étoient reçus, garantis & ſauvés. Après les avoir retirés ainſi, on les habilloit d'étoffes groſſières, enſuite on les chaſſoit & banniſoit du territoire. C'eſt de ce même rocher de Leucade que Sapho s'élança pour éteindre dans les eaux de la mer les feux trop ardens de ſes amours infortunées.

DÉDALE. Dédale, fuyant la colère de Minos, roi de Crète, fabriqua des aîles qui lui ſervirent à ſe ſauver de même que ſon fils Icare. Dédale fit un trajet heureux, & arriva en Sicile. Icare s'éleva trop haut, malgré les conſeils de ſon père : la cire qui lioit ſes aîles ſe fondit aux rayons du ſoleil, & il tomba dans la mer, auprès d'une petite île voiſine de Samos, qui n'avoit point de nom alors, & qui reçut celui d'Icarie. C'eſt ainſi que les poëtes ont rendu preſqu'entièrement fabuleux ces faits; ils leur ont ſervi à peindre les dangers & les écarts de la préſomption, de la témérité & de l'ambition. Tout intéreſſe dans

Dédale ; ſon art, ſa fuite, ſes voyages & ſes malheurs lui ont mérité une grande célébrité. Je rapporterai donc dans une courte digreſſion les principaux traits de ſa vie.

Dédale, né à Athènes, de race royale & de la famille des Métionides, étoit un célèbre ſculpteur. Son caractère violent l'emporta à un tel excès que, dans un moment de colère , il tua Calus ſon neveu, fils de ſa ſœur & ſon diſciple, dont le tombeau ſubſiſtoit encore du tems de Pauſanias. Pour éviter la punition que les loix lui décernoient, il prit la fuite & ſe retira dans l'île de Crète. Il eſt vraiſemblable qu'il paſſa d'abord en Egypte, où il dirigea ſur ſes deſſins, la conſtruction du plus magnifique portique du temple de Vulcain, par ordre du roi Mœris ou Myris. Il y fit auſſi, au rapport de Platon, d'Ariſtote, d'Homère, &c. des ſtatues qui marchoient à volonté, & des trépieds de Vulcain, qui faiſoient divers mouvemens. De retour dans l'île de Crète, il y travailla à faire conſtruire le célèbre labyrinthe par ordre de Minos. Il imita celui qui étoit en Egypte dans le gouvernement d'Héracléopolis, mais en le réduiſant avec beaucoup d'art ; celui-là étoit un des plus grands & des plus étonnans édifices qui aient jamais ſubſiſté ſur la terre. Dédale s'occupa enſuite à faire des ſtatues & des bas-reliefs pour Minos & pour ses filles; mais il encourut sa disgrace, soit pour avoir favorisé les amours de Taurus, général d'armée, & de Pasiphaé, soit pour avoir facilité l'élargissement & la fuite de Thésée. Minos ayant mis la tête de Dédale à prix, il réussit à s'embarquer avec son fils Icare, chacun sur un esquif ou bâtiment léger. Il avoit eu la précaution de les pourvoir de toiles, & il en fit des voiles, dont il fut l'inventeur, pour lui & pour Icare. Ils n'eurent pas plutôt pris le large, que Minos envoya plusieurs bâtimens à leur poursuite; mais un vent impétueux étant survenu, Dédale & Icare hissèrent leurs voiles, & échappèrent aux Crétois. Dédale manœuvra très-habilement & aborda en Sicile. Il n'en fut pas de même d'Icare, qui périt auprès de la petite île voisine de Samos. Hercule qui s'y trouvoit par hasard, reconnut son corps, & lui donna la sépulture. Dédale l'ayant appris, lui consacra, par reconnoissance, une statue. Pausanias l'a vue, ainsi que plusieurs autres de Dédale, qui subsistoient encore de son tems. Elles étoient bien éloignées de la perfection de celles des grands maîtres qui lui ont succédé; cependant elles annonçoient le génie de leur auteur, & elles exprimoient la majesté des dieux.

Dédale n'avoit pas été le premier qui eût fait des ſtatues ambulantes. L'invention en eſt attribuée à Hermès, ou Mercure Triſmégiſte, conſeiller d'Iſis, grand-prêtre, poſſeſſeur de tous les arts & de toutes les ſciences, inſtituteur des myſtères, & de cette école des prêtres égyptiens, où la plupart des anciens philoſophes alloient puiſer leur inſtruction. La mémoire de cet homme étonnant eſt tout ce qui nous reſte de lui. Ses hyérogliphes ſont inintelligibles. La bibliothèque d'Alexandrie où ſes ouvrages étoient dépoſés, eſt détruite; & ceux qui ſe ſont annoncés pour en avoir recouvré quelque partie, ont été preſque tous reconnus pour impoſteurs. PRETRES EGYPTIENS.

La ſcience des prêtres égyptiens étoit ſans doute très-profonde; mais, par une terrible fatalité, elle devoit être ſecrète, parce que le dogme affreux, que le peuple doit être trompé, étoit établi & ſoutenu ſur des fondemens inébranlables en apparence. Avoient-ils quelques connoiſſances relatives à l'idée du vol? Nous ne pouvons le découvrir qu'en jetant les yeux ſur quelques effets de ces moyens inconnus d'illuſion & de ſupercherie dont ils ſe ſervoient pour tromper le vulgaire.

Les ſtatues mouvantes n'entrent point dans cet examen. Il n'en eſt pas de même des oiſeaux voltigeans & chantans que l'on voyoit dans le temple de Sérapis, auprès du tombeau & de la ſtatue de Memnon. Ces oiſeaux produiſoient des ſons touchans & plaintifs, rappelant les regrets de la perte de Memnon. La ſtatue étoit de baſalte, de taille giganteſque, repréſentant un jeune homme preſqu'adoleſcent, & elle rendoit, comme l'on ſait, des ſons harmonieux de harpe & de voix humaine, lorſqu'elle étoit frappée des rayons du ſoleil.

ORACLE D'HIÉROPOLIS.

La manière dont Lucien raconte que les oracles ſe rendoient au temple d'Hiéropolis, mérite d'être rapportée. L'oracle étoit une ſtatue ou une figure automate. Lorſqu'elle devoit prononcer l'oracle, elle commençoit à ſe mouvoir ſur ſon trépied. Les prêtres l'enlevoient, &, s'ils ne le faiſoient pas, elle paroiſſoit ſe beaucoup fatiguer, & elle s'avançoit au milieu d'eux, qui, allant au-devant, la prenoient & s'en chargeoient. Enfin, le grand-prêtre l'interrogeoit ſur toutes ſortes de ſujets : ſi elle ne vouloit pas répondre, elle rétrogradoit : ſi elle y conſentoit, elle pouſſoit en avant ſes porteurs comme un cocher ſes chevaux. Ils recueilloient ainſi les oracles & ne faiſoient aucune choſe ſacrée ou privée ſans cette cérémonie. Lucien ajoute : « je raconterai ce que j'ai vu moi préſent. Les prêtres

» portoient l'oracle élevé, l'oracle les quitta & se » soutint lui-même dans l'air ».

Les mêlanges tirés d'une grande bibliothèque PP. livres de géographie & d'histoire, imprimés au seizième siècle, tome VII, contiennent un exemple malheureux d'une très-ancienne imitation des aîles prétendues de Dédale. Il y est cité comme extrait des grandes chroniques & annales de Bretagne. Un certain roi Brutus passa en Bretagne & lui donna son nom. Ce pays fut gouverné par la postérité de ce premier Brutus, à ce que rapportent ces annales, & elle produisit plusieurs grands hommes, entr'autres Baldud qui étoit un fameux sorcier. Il opéroit des choses étonnantes en se servant pour ses enchantemens de sang humain; il faisoit, pour cet effet, tuer des hommes, mais en revanche il en ressuscitoit d'autres, & faisoit parler & marcher des corps morts, comme s'ils eussent été en vie. Cependant il ne faut pas trop hasarder, même quand on est sorcier; il entreprit de voler en l'air, &, s'étant élevé au-dessus d'une ville nommée Trinovante, dont il étoit le seigneur, il retomba sur le temple d'Apollon, & se tua. BALDUD.

Ce Baldud est le père du roi Leyre, ou Léar, héros d'une tragédie de Shakespear, imitée par M. Ducis. L'illustre éditeur des mêlanges le fait contemporain du roi David. J'ai consulté trois éditions de ces grandes chroniques de Bretagne. Elles rapprochent l'époque de Baldud de quatre siècles & demi, en la fixant au siècle de Nabuchodonosor, & elles ne font aucune mention du vol. Cela est très-indifférent, & n'augmente ni ne diminue la confiance qu'inspirent ces récits fabuleux.

ARCHYTAS.

Archytas de Tarente, l'un des plus célèbres géomètres de l'école pythagoricienne, vivoit quatre siècles environ avant notre ère. La grande douceur de son caractère le portoit à prendre part aux jeux des jeunes gens & des enfans. La nature de leurs plaisirs les entraînoit à des excercices dangereux; pour les en détourner & distraire, il inventa l'amusement du cerf ou du dragon volant. Il ne prévoyoit pas que cet instrument deviendroit à l'avenir aussi intéressant, tel que M. Franklin l'a rendu de nos jours par ses expériences si savantes & si surprenantes sur l'électricité & le tonnerre. Le succès de cette machine ayant répondu aux vues d'Archytas, il les porta plus loin; &, comme il étoit très-habile mécanicien, il fabriqua une colombe artificielle, qui imitoit parfaitement les mouvemens d'une naturelle; elle s'élevoit dans les airs, y planoit & retomboit sur la terre. Ce chef-d'œuvre a excité l'admira-

tion

tion de tous les ſiècles qui ont ſuivi ; & dans les derniers ſur-tout, pluſieurs ſavans ſe ſont étudiés inutilement à l'imiter. Ce fait eſt ſi intéreſſant, que j'extrairai mot à mot ce qu'Aulugelle en dit dans le dixième livre & au chapitre 12 de ſes Nuits Attiques.

Après avoir parlé de pluſieurs faits incroyables, & qu'il n'admet point, il ajoute : « Mais ce qu'on rapporte que le philoſophe Archytas a conçu & exécuté, ne paroît pas devoir être rejeté, quoiqu'il ſoit ſurprenant ; car la plupart des plus notables écrivains grecs, & Favorinus, philoſophe très-érudit, & verſé dans la connoiſſance des lettres grecques, ont tous affirmé qu'il avoit fait une figure de colombe en bois, qui voloit par le moyen d'un artifice mécanique. Elle ſe ſoutenoit ainſi ſuſpendue par des vibrations, & elle étoit mue ou excitée par le ſouffle ſecret d'un air renfermé. Il convient vraiment ſur une choſe qui répugne ſi fort à la croyance, de rappeler les propres paroles de Favorin. « Archytas, dit-il, philoſophe & mécanicien de Tarente, fit une colombe de bois qui voloit ; mais ſi elle venoit à tomber, elle ne pouvoit plus ſe relever ». Je reviendrai ci-après à cette colombe, en rendant compte des eſſais qui ont été faits pour l'imiter.

L'an 814 de Rome, ou le 60e de notre ère, & ſous Néron, on y célébra les grandes fêtes pour l'éternité de l'empire. Un nouvel Icare s'éleva, au milieu des ſpectacles, très-haut dans les airs par la force de ſes aîles; mais ſa chûte n'en fut que d'autant plus malheureuſe, il tomba & périt très-miſérablement; ſon ſang jaillit & couvrit la robe de l'empereur. Ce fait eſt rapporté par Suétone.

Antoine Beyerlink en cite un autre, ſans en alléguer aucune autorité. A Rome, dit-il, ſous les Céſars, & au milieu des ſpectacles donnés au peuple, un homme gravit un mur comme un reptile; &, s'étant enſuite muni d'aîles, il s'éleva dans les airs & y vola comme un oiſeau.

Quoique l'hiſtoire ſoit aſſez ſtérile en faits concernant le vol dans ces tems-là, on ne doit pas douter que l'idée ne s'en fût conſervée. Il paroît que, pour épargner la vie des hommes, on continua de s'exercer à compoſer des machines.

OISEAUX VOLANS.

Nous en avons une eſpèce de preuve dans une lettre de Théodoric, roi des Oſtrogots & d'Italie, écrite au célèbre & infortuné Boece. Elle eſt conſervée dans le recueil de Caſſiodore, ſénateur & conſul romain. Théodoric lui fait part que le ſeigneur de Bourgogne lui demande une horloge, & il le prie de la faire faire. Il donne les plus grands éloges à la ſcience de Boece, aux arts & à tout ce qui eſt du reſſort des mathématiques. Parmi ces éloges, il parle d'oiſeaux volans & chantans, & de pluſieurs autres ouvrages ingénieux qui ſont dus à ces ſciences.

Pluſieurs ſiècles après, & ſous les empereurs d'Orient, on remarque Léon le philoſophe, qui fit pour Théophile des oiſeaux d'or, qui ſautoient de branche en branche ſur des arbres d'or. Ces oiſeaux avoient un chant très-mélodieux, & ils faiſoient l'admiration de Conſtantinople. Michel, ſucceſſeur de Théophile, s'étant adonné aux paſſions & aux plaiſirs les plus vils, les fit fondre pour en prodiguer le produit à ſes infames débauches. Ces faits ſont rapportés par Michel Glycas, & par Conſtantin Manaſſé. OISEAUX DE LÉON.

Un bruit abſurde ſe répandit à peu près dans le même tems à Lyon & dans les provinces voiſines, que les récoltes étoient détruites & perdues par des enchanteurs; & que, comme tout ce qui eſt perdu doit ſe retrouver, ces enchanteurs en avoient le ſecret. Ils ſavoient exciter la grêle, la foudre & les tempêtes pour ruiner & détourner les biens de la terre, & ils faiſoient trafic de leur art en vendant les bleds gâtés à des habitans d'un certain pays appelé Magonie. Ces gens-là, diſoit-on, venoient tous les ans NAVIRES AÉRIENS.

par le milieu des airs avec des navires, pour charger tous les grains gâtés par la tempête, dont ils payoient le prix aux enchanteurs. Trois hommes & une femme inconnus pafsèrent alors à Lyon; le peuple s'imagina qu'ils étoient magoniens, & qu'ils feroient tombés de leurs navires. Il les faifit, les maltraita & les chargea de fers. Ils furent préfentés quelques jours après pardevant Agobard, évêque de Lyon, comme des criminels dignes d'être lapidés. Après bien des difcours & des raifonnemens, la vérité fut victorieufe, & les accufateurs demeurèrent confus. Agobard compofa à cette occafion, en 833, un traité pour difsuader le peuple de cette erreur & de plufieurs autres. Ils croyoient aufsi que Grimaud, duc de Benevent, ennemi de l'empereur Charles, avoit envoyé des hommes qui répandoient des poudres fur les champs, les montagnes, les prés & les fontaines, pour empoifonner & faire périr les bœufs. Le docte évêque finit fon traité par ces paroles remarquables. « Une fi grande folie accable déjà le miférable monde, que les chrétiens ajoutent foi maintenant à des chofes fi abfurdes, que qui que ce foit n'auroit pu les perfuader ci-devant aux payens mêmes ».

Cette époque d'ignorance où les hommes fe

trouvèrent plongés, subsista pendant plusieurs siècles. Les sciences se relevèrent un peu au treizième. Roger Bacon, qui y vivoit, eut des droits à une grande réputation. Ce moine anglois composa plusieurs ouvrages. Il traite dans celui de l'admirable Puissance de l'Art & de la Nature, de plusieurs inventions très-remarquables. On peut construire, y dit-il, des bateaux pour aller sur l'eau sans rameurs ; des grands vaisseaux navigeans sur la mer, conduits par un seul homme, avec plus de vîtesse que ceux remplis de matelots; des chariots se mouvant avec efforts inestimables sans animaux. « Aussi, continue-t-il, peuvent être faites des machines pour voler, où l'homme, étant assis dans le centre, tourneroit quelque manivelle qui mettroit en mouvement des aîles faites & composées artificiellement pour battre l'air à la manière des oiseaux ». Cette description a fait dire, écrire, répéter & imprimer que Roger Bacon étoit l'inventeur d'une machine propre au vol. On s'en dissuaderoit en continuant la lecture de quelques pages suivantes. Il y assure qu'il est certain qu'il y a un instrument pour voler, quoiqu'il ne l'ait point vu, & qu'il n'ait connu aucun homme qui l'ait vu ; mais qu'il connoît très-bien par nom & surnom le sage qui a in-

ROGER BACON.

venté cet artifice. Le treizième ſiecle étoit encore bien favorable à la crédulité. Bacon n'a vu ni connu perſonne qui ait vu ou connu cette machine, & cependant il y ajoute foi; il eſt certain de ſon exiſtence! Quoi qu'il en ſoit, la deſcription qu'il en fait eſt aſſez conforme aux idées de M. Blanchard, qui, malgré ſon adreſſe & de longs travaux, n'a pas pu réuſſir à la faire quitter la terre, mais qui, par contre, ſe livrant à la théorie de MM. Montgolfier, a ſurpaſſé en élévation extrêmement tous ſes prédéceſſeurs dans les routes de l'air.

Roger Bacon a fait des miroirs ardens. On lui attribue l'invention de la lanterne magique, & une tête de fer parlante. Il a joui de beaucoup de réputation dans la ſcience des ſecrets hermétiques. On attribue à Albert Groot ou le Grand, ſon contemporain, une automate bien ſupérieure à ſa tête parlante. C'étoit une figure d'homme qui marchoit, articuloit & prononçoit des mots. Albert l'ayant finie, la fit entrer de nuit dans la chambre de Thomas d'Aquin, ſon écolier, qui repoſoit couché dans ſon lit. L'automate lui ayant parlé, il en fut ſi épouvanté, qu'il prit un bâton & la mit en pièces. Le bruit attira Albert, qui voyant ce déſaſtre, ſe contint, & dit ſeulement à Thomas : Tu viens de détruire l'ouvrage de trente ans. Il faut avouer que, ſi ce fait eſt vrai, Albert le grand a donné un exemple mémorable d'une douceur & d'une tranquillité parfaite.

Les apologiſtes du vol avec le ſecours des aîles, ont été en grand nombre; mais leur opinion n'a enfanté que des victimes. On diſtingue ſur-tout parmi eux Jean-Baptiſte Van-Helmont & Frédéric-Herman Fleyder. Van-Helmont prononça à Bruxelles, en préſence de l'infant don Emmanuel de Portugal, une diſſertation ſur l'art de voler. Caramuel, qui y aſſiſta, rapporte que Van-Helmont y employa tant d'érudition, d'éloquence & de chaleur, que tous ſes auditeurs en furent émus & convaincus à un tel point, qu'au ſortir de là, il leur paroiſſoit à tous qu'ils n'avoient qu'à ſe munir d'aîles aux mains & aux pieds pour pouvoir voler. VAN-HELMONT.

Fleyder prononça une autre diſſertation en 1627, le 5 ſeptembre, à l'académie de Tubinge, en préſence du magiſtrat, & il y ſoutint la même propoſition. Cependant tous les exemples qu'il cite des gens qui ont tenté de s'exercer à cet art, ſont malheureux. Je n'en rappellerai que quelques-uns des principaux. Alvare Guttieres de Torres de Tolède a fait un recueil de choſes merveilleuſes. On y trouve qu'un FLEYDER.

moine, nommé Elmerus de Malameria, jeune homme très-ſavant & très-docte, avoit eſſayé cet acte ; il avoit adapté à ſes mains des aîles, très-aſſuré de pouvoir voler, parce qu'il ajoutoit foi à l'hiſtoire de Dédale. Cela fait, il s'élança du haut d'une tour en prenant le vent, & il réuſſit à parcourir une étendue de cent vingt-cinq pas ; mais ſoit par l'impétuoſité & le tourbillon des vents, ſoit par la crainte que ſon audacieuſe entrepriſe lui inſpira, il tomba par terre en ſe caſſant les reins, & il traîna depuis lors une vie malheureuſe & languiſſante, attribuant ſa diſgrace à ce qu'il n'avoit pas attaché une queue à ſes pieds. Le même malheur eſt arrivé à un moine anglois, Olivier de Malmesburi, & il y a apparence qu'Elmerus de Malameria en eſt dérivé par les changemens ſurvenus dans des traductions de traductions. Jean Erneſt Burgrave rapporte, dans ſon Armure Vulcanienne (Panoplia Vulcaniana), qu'un vieillard, chantre à Nuremberg, s'étoit élevé dans l'air avec le ſecours de deux aîles, & qu'ayant atteint une aſſez grande hauteur, il tomba, ſoit par quelqu'imprudence, ſoit que des roues qui faiſoient mouvoir ſes aîles ſe fuſſent caſſées, & ſe rompit les bras & les jambes. Burgrave ajoute que le même événement étoit arrivé à Paris. Cependant les apologiſtes du vol perſiſtoient & alléguoient que le défaut de ſuccès dans un art, n'eſt pas une preuve de ſon impoſſibilité, & que l'ignorance pouvoit ſeule en induire une telle conſéquence; que l'art de voler étoit ſi utile aux hommes, qu'ils ne devoient point ſe décourager; que la ville de Leide avoit été ſauvée par des colombes dreſſées à l'uſage de porter des lettres, & que des hommes pourroient rendre mieux ce ſervice, & de beaucoup plus grands; que des poiſſons, & même des reptiles, ont la faculté du vol; que l'homme manque d'aîles & de plumes, mais qu'il lui eſt très-aiſé de s'en procurer; ſa peſanteur ne doit pas être conſidérée comme un obſtacle abſolu. L'aigle eſt ſingulièrement peſant, & n'a pas des aîles qui y ſoient proportionnées; la cigogne eſt encore bien plus diſproportionnée à cet égard, & elle s'élève toutefois très-haut. Les oiſeaux de proie s'élèvent non-ſeulement à de grandes hauteurs, mais ils fondent ſur la terre, & en emportent des victimes d'un poids très-lourd. Ces apologiſtes conſeillent donc pour réuſſir, de choiſir, parmi des enfans, ceux qui annoncent beaucoup d'adreſſe, de ſoupleſſe & la plus grande agilité. Accoutumez-les, diſent-ils, de bonne heure aux périls; attachez-leur des aîles aux épaules & aux mains; mettez à leurs pieds d'autres aîles faites ſur le modèle des pattes des oies; prenez l'enfant entre vos bras, & élevez-le dans l'air; commencez à lui faire développer ſes aîles en le ſoutenant, lâchez-le enſuite; & ſi vous remarquez qu'il tombe, accourez à lui, & relevez-le; continuez de jour en jour à lui faire faire ce même exercice, il y acquerra peu à peu de nouvelles forces, une aptitude admirable, & l'expérience le rendra d'une habileté incomparable. « Telle eſt, dit Fleyder, condition des mortels, que tous les arts dans ce ſiècle ſe ſont ſouverainement perfectionnés. Combien de choſes manquent à l'homme à ſa naiſſance! Jetté dans l'amphithéâtre de ce monde ſans bec pour mordre, ſans dents pour ronger, ſans cornes pour frapper, ſans ongles pour déchirer, il lui manque auſſi des aîles pour voler. Il répare toutefois très-aiſément par l'art & par la prudence tout ce que la nature lui refuſe; & il pourvoit, par le ſecours de ſes mains, à tous les inſtrumens qui lui ſont refuſés. Par elles, il déchire, il frappe, il met en pièces, il nage & il volera. Puiſqu'il lui eſt accordé de jouir de l'odorat du vautour, de l'ouie du renard, de l'odorat & de l'ouie du chien, du goût de la poule, de la vue de l'aigle, du tact des ſemaçons & des huîtres, de la courſe du lièvre, & de l'art de nager du poiſſon ; pourquoi, s'écrie Fleyder, l'art du vol de l'oiſeau lui manqueroit-il ? Qu'eſt-il néceſſaire d'avoir recours au char de Triptolème, aux dragons de Médée, aux aîles de Perſée ou de Dédale ? » Le bon Fleyder finit très-dévotement, en ajoutant que nous avons d'ailleurs les aîles de la foi, par leſquelles nous pouvons voler au ciel.

LÉONARD DE VINCI.

Cuperus, dans ſon traité de l'Excellence de l'Homme, cite Léonard de Vinci comme étant parvenu à pratiquer l'art du vol ; mais rien ne conſtate ce fait. Léonard de Vinci, peintre célèbre, fut un des plus habiles hommes de ſon tems. Il poſſédoit les belles-lettres, pluſieurs arts, les mathématiques, l'architecture, l'anatomie, & il étoit amateur de la poëſie & de la muſique. Ce ſont aſſez de titres qui l'honorent, ſans y en ajouter un chimérique.

REYHER.

Reyher obſerve, dans une diſſertation ſur l'air, que pour parer à la foibleſſe des muſcles de la poitrine de l'homme, on pourroit employer une mécanique très-ſimple, par laquelle les mains, ſans s'allonger, & en les retirant à ſoi, agiteroient les aîles ; ainſi, la main droite imprimeroit le mouvement de l'aîle gauche, & la main gauche celui de l'aîle droite, par des cordes qui feroient difpofées à cet effet. Il confeille de plus, de ne pas imiter les aîles des oiseaux, mais celles des chauve-fouris, des poiffons, ou des reptiles volans.

Paul Guide Burghefius a traité de quatorze arts, par lefquels l'homme peut fe procurer du pain & les autres fecours néceffaires à la vie, & il y a compris celui de voler; mais Jean-Victor Roffi, dont les ouvrages font fous le nom de Janus Nicéus Erythreus, obferve que ce traité n'a jamais procuré à qui que ce foit le moyen de calmer fa faim, ni aucun autre fecours.

VILKINS. Jean Vilkins a differté fur le vol dans fa Magie mathématique, imprimée à Londres en 1648. Il croyoit à fa poffibilité & à celui de Dédale. Il croyoit auffi que l'on pourroit fe faire traîner dans les airs par des oifeaux, en les choififfant dans les plus groffes efpèces, & en les élevant pour cette deftination. Le moyen cependant qui lui agrée le plus, & dont le fuccès lui paroît affuré, eft celui du chariot, imaginé, fuivant lui, par Roger Bacon. Il ne fe refufe pas à fentir les objections qui s'élèvent contre ce projet; favoir, celle des forces néceffaires pour vaincre la légèreté de l'air, & enfuite fi les forces des navigateurs feront fuffifantes pour produire le mouvement. Il convient que tes difficultés peuvent paroître invincibles, mais cela ne doit pas, dit-il, décourager, ni ôter la confiance & l'eſpérance du ſuccès.

Un des hommes qui auroit le mieux réuſſi à fabriquer des bonnes aîles, & à s'en bien ſervir, ſeroit Jean-Baptiſte Dante de Pérouſe, ſi ſon hiſtoire n'eſt point exagérée. Il eſſaya ces aîles pluſieurs fois fort heureuſement, & il étoit même parvenu à paſſer un bras du lac de Traſimène; mais ayant voulu en donner le ſpectacle à ſes concitoyens pendant la ſolemnité du mariage de Barthelemi d'Alviane, & s'étant élevé très-haut au-deſſus de la place, le fer avec lequel il dirigeoit une de ſes aîles ſe rompit, & il tomba ſur le toît de l'égliſe de Sainte-Marie où il ſe caſſa une cuiſſe. DANTE.

on en parle dans le mercure du 3 juillet p. 31

Le Journal des Savans, du 12 ſeptembre 1678, contient l'extrait d'une lettre écrite à M. Toinard, ſur une machine d'une nouvelle invention pour voler. Elle avoit été conſtruite par le ſieur Beinier, ſerrurier de Sablé, au Pays du Maine, avec quatre aîles. Ces aîles étoient chacune un châſſis oblong de taffetas, attachées à chaque bout de deux bâtons que l'on ajuſtoit ſur les épaules. Ces châſſis ſe plioient du haut en bas comme des battans de volets briſés. Ceux de devant étoient remués par les mains, & ceux de derrière par les pieds en tirant chacun une ficelle qui leur étoit attachée.

L'ordre du mouvement étoit tel, que quand la main droite faiſoit baiſſer l'aîle droite de devant, le pied gauche faiſoit remuer l'aîle gauche de derrière, enſuite la main gauche & le pied droit faiſoient baiſſer l'aîle gauche de devant & la droite de derrière.

Ce mouvement en diagonale paroiſſoit très-bien imaginé, parce que c'eſt celui qui eſt naturel aux quadrupèdes & aux hommes quand ils marchent, ou lorſqu'ils nagent. On trouvoit néanmoins qu'il manquoit deux choſes à cette machine pour la rendre d'un plus grand uſage; la première, qu'il faudroit y ajouter une grande pièce très-légère, qui, étant appliquée à quelque partie choiſie du corps, pût contre-balancer dans l'air le poids de l'homme; la ſeconde que l'on y ajuſtât une queue qui ſervît à ſoutenir & à conduire celui qui voleroit; mais on trouvoit bien de la difficulté à donner le mouvement & la direction à cette eſpèce de gouvernail, après les expériences qui avoient été inutilement faites autrefois par pluſieurs perſonnes.

La première paire d'aîles ſortie des mains du ſieur Beinier, fut portée à la Guibré, où un baladin l'acheta & s'en ſervit fort heureuſement. Beinier travailla enſuite à une nouvelle paire, qu'il efpéroit de perfectionner & de rendre plus achevée que la première.

Il ne prétendoit pas néanmoins de pouvoir s'élever de terre, ni fe foutenir fort long-tems en l'air, à caufe du défaut de forces & de vîteffe qui font néceffaires pour agiter fréquemment & efficacement ces fortes d'aîles, ou, en terme de volerie, pour planer; mais il affuroit qu'en partant d'un lieu médiocrement élevé, il pafferoit aifément une rivière d'une largeur confidérable, l'ayant déjà fait de plufieurs diftances & de différentes hauteurs. Il commença d'abord par s'élever de deffus un efcabeau, enfuite de deffus une table, après d'une fenêtre médiocrement haute, puis d'un fecond étage, & enfin d'un grenier, d'où il paffa par-deffus les maifons de fon voifinage; &, s'exerçant ainfi peu à peu, il mit fa machine dans l'état où elle étoit alors.

Le même Journal fait mention d'un nommé Bernoin, qui fe caffa le col, en volant à Francfort, en 1673; ce qu'on a vu arriver plufieurs fois dans Paris, entr'autres à Allart, & dans d'autres endroits.

J'arrête ici l'énumération faftidieufe & peu inftructive des tentatives infructueufes & des événemens malheureux caufés par l'imitation des prétendues aîles de Dédale, & je paſſe aux efforts également inutiles faits pour imiter le vol de la colombe d'Archytas.

Colombe d'Archytas.

Il eſt à propos de rappeler les deux textes d'Aulugelle & de Favorin. *Ita erat ſilicet libramentis ſuſpenſum & aura ſpiritus incluſa atque occulta concitum.... Archytas Tarentinus philoſophus, pariter ac mechanicus vir, columbam ligneam fecit volantem, quæ ſi unquam ſubſediſſet, præterea non exurgebat.*

Il faut expliquer auſſi ce que l'on entendoit alors par les mots de *ſpiritus* & d'*aura*. Pline, dans ſon Hiſtoire Naturelle, livre 2, chapitre 5, s'exprime ainſi : « Perſonne, que je ſache, ne regarde comme douteux que les élémens ſont au nombre de quatre, que le feu occupe entre eux la plus haute place, étant la ſource de l'éclat dont brillent ces étoiles innombrables qui ſont dans le ciel comme autant d'yeux étincelans ; que cet eſprit ou ſoufle que les Grecs, ainſi que nous, appelons les airs, eſt ſitué auprès & au-deſſous ; qu'il a une vertu vitale, qui s'inſinue par-tout ; qu'il eſt mêlé à toutes les parties de la matière », &c.

La colombe étoit donc de bois & elle voloit, mais lorſqu'elle tomboit à terre, elle ne pouvoit plus ſe relever. Son vol étoit produit par des

des vibrations que le ſouffle d'un air renfermé & caché excitoit.

Il s'élève une difficulté qui a partagé les commentateurs : ce *ſpiritus*, cet air étoit-il raréfié, ou étoit-il condenſé ? Raréfié, il allégeoit le poids de la colombe, & il en ſortoit par ſa légèreté. Condenſé, il en ſortoit avec effort & produiſoit le mouvement des vibrations des aîles.

Jean-Baptiſte Porta a traité du dragon volant d'Archytas, & il preſcrit la manière de le conſtruire. Le père Martin Martini l'avoit aſſuré que les chinois le connoiſſoient & en pratiquoient l'uſage. On peut, dit-il, trouver dans ces inſtrumens divers principes ingénieux applicables au vol, en s'y exerçant peu à peu dès l'enfance. Si quelqu'un, ajoute-t-il, le trouve abſurde, qu'il conſidère la colombe d'Archytas. Elle paroît agir volontairement & exécuter par elle-même, ce que les enfans exigent du dragon & lui font faire. Il eſt ainſi d'avis que l'homme peut voler, comme cette colombe voloit. PORTA.

Le père Laurette Laure eſtime qu'on peut procurer le mouvement des aîles de la colombe en renfermant dans ſon corps un air condenſé, qui ſortant avec effort, agiteroit des aîles de plumes, comme le vent enfle les voiles. Si alors, LAURETTE LAURE.

dit-il, la machine eſt bien lancée, en lui imprimant un mouvement au milieu du vent ou de l'air, il croit que la colombe aura un vol heureux. Le même Laure indique deux autres moyens pour obtenir cè vol.

Premier. Si l'on expoſe, dit-il, aux rayons du ſoleil des œufs vuidés & contenant de la roſée du matin bien renfermée, ils s'élèvent en l'air, & ils s'y ſoutiennent pendant quelque tems. Si donc, on choiſiſſoit des œufs des plus grands cygnes, ou que l'on fît des ſacs d'une peau très-mince, bien couſus, & qu'on les remplît de nitre, de pur ſoufre, de vif-argent, ou de quelqu'autre matière ſemblable qui ſe raréfie par la chaleur, il faudroit enſuite les revêtir extérieurement conformément à la figure des colombes. En les expoſant au ſoleil, ces colombes artificielles imiteroient peut-être le vol des naturelles.

Second. Si l'on veut que la colombe ſoit de bois, grande & peſante, & qu'elle puiſſe voler, invoquons, employons le feu : *Adhibeamus ignem.* Si l'on craint l'incendie, que la colombe ſoit revêtue d'asbeſte, ſoit de lin incombuſtible; qu'on y insère des tubes d'étain dans leſquels le feu puiſſe agir innocemment; que l'on faſſe un enduit d'orpiment délayé dans du beurre avec des ſels, pour empêcher l'embraſement que les étincelles pourroient produire ; que l'on forme un goſier, afin que le ſon en y paſſant, imite les gémiſſemens des colombes ; qu'on muniſſe la machine de pluſieurs tubes qui s'allumeront les uns après les autres, afin que, ſi elle vient à tomber, elle puiſſe ſe relever.

Le père Schott a critiqué ces idées fantaſtiques de Laure, & il eſt d'avis que cette machine imiteroit bien mieux les ſauts d'une chèvre que le vol d'une colombe. On remarquera ici combien il eſt aiſé d'abuſer les hommes, lorſqu'on ſe permet des citations détachées & mal appliquées ; car iſolons ces mots : *Si l'on veut une grande machine, employons le feu ;* il ſeroit aiſé de perſuader que le père Laure a connu l'un des principaux moyens de MM. de Montgolfier, cependant il en étoit bien éloigné, puiſque ſa grande, ſa vaſte machine n'étoit que la figure d'une groſſe colombe. SCHOTT.

Jérôme Cardan dit qu'on fait ſouvent cette queſtion : La colombe d'Archytas a-t-elle pu voler, comme on l'aſſure, par ſes propres forces ? car on a vu des ſtatues marcher ſur la table par le moyen de rouages cachés ; on a vu un oiſeau artificiel voler, étant excité par une corde ; mais jamais ſans un ſecours extérieur. Il eſt très-difficile, à ſon avis, d'y parvenir, parce que CARDAN.

ce qui produiroit le mouvement doit lui être ajouté, & feroit un furcroît de pefanteur. Il croit cependant qu'on peut vaincre cette difficulté en lançant la colombe en l'air par un grand vent, garnie de grandes aîles & munie de bons rouages. Il faut, pour cet effet, que fon corps foit très-léger, fes aîles très-grandes, fes rouages bien trempés & un grand vent. Cardan ajoute qu'on pourroit faire voler la colombe par la force du feu, mais que fon vol feroit de peu de durée, parce que le feu deffaudroit trop promptement; il lui faut trop de matière pour l'entretenir, & le poids de l'aliment ne permet pas de l'en beaucoup charger.

SCALIGER. Jules-Céfar Scaliger étoit un des plus redoutables antagoniftes de Cardan. Il lui répondit dans fon livre de la Subtilité, exercice 326: « Combien tes rêveries fur l'art de voler ne nous » paroiffent-elles pas dignes de mépris? Que » n'as-tu pas écrit de même fur le mouvement » perpétuel? Il y a de la folie à enfeigner des » chofes qui ne peuvent point réuffir; cet éga- » rement me paroît incroyable. Et moi auffi, » continue Scaliger ironiquement, je vais imi- » ter en paroles la colombe d'Archytas ». Son projet a été cité par M. Faujas de Saint-Fond, page 30 de fa Préface, pour y relever la peau de baudruche dont l'emploi y eſt indiqué.

Honoré Fabri eſtime que l'on peut faire voler la colombe par le moyen de différens tubes remplis de matières combuſtibles; il porte enſuite ſes vues bien plus loin; il propoſe de conſtruire une grande machine pour faire voler un homme par l'effort d'un air comprimé. Il faut, dit-il, pour cet effet, comprimer extrêmement cet air dans un grand tube, afin qu'il puiſſe, en ſortant, produire aſſez de force pour élever un très-grand poids; attachez-y un gouvernail & un ſiège où l'homme ſe placera; cet homme lâchera l'air qui l'enlèvera, & il ſe promènera dans l'eſpace à volonté. Lorſque le mouvement ſera imprimé, il fermera le tube avec un piſton forcé par une vis, & il le rouvrira dès que le mouvement ſe ralentira, afin de pouvoir en jouir pendant pluſieurs heures. Fabri ajoute que cela eſt vrai en théorie, mais il ne voudroit pas être la cauſe qu'on en eſſayât la pratique & qu'on s'exposât au péril; il prétend ſeulement qu'on conçoive combien la force de la compreſſion de l'air eſt exceſſive, n'y ayant preſque rien dans la nature qui ne puiſſe être tenté par ſon moyen. FABRI.

Ces idées ſingulières tombent d'elles-mêmes; car, ſi on les ſoumettoit à l'expérience, il eſt très-certain que l'air ſortiroit du tube avec une grande impétuofité ; mais il l'eft auffi que ce tube refte-roit par terre, & qu'il n'exerceroit aucune action fur lui-même.

LANA. Le père François Lana a abondé en projets pour imiter la colombe d'Archytas. Conftruifez-la avec les matières les plus légères. Que fes aîles foient de plumes arrangées & difpofées pour recevoir l'impreffion du vent ; attachez-les au milieu du corps, de manière que leurs vibrations puiffent être promptes & aifées ; placez au milieu de fon corps des roues qui recevront leur mouvement d'un reffort pareil à ceux dont les horlogers fe fervent ; mettez auprès de la dernière de ces roues de petits foufflets qu'elle fera hauffer & baiffer, en forte que, lorfque l'un fe vuidera, l'autre fe remplira ; que le vent de ces petits foufflets forte par deux tuyaux qui aboutiffent fous les aîles & les flancs de la colombe avec quelqu'interruption, afin qu'elles puiffent fe débattre, réfifter à l'air & fe foulever pour produire le vol de la machine, qui durera auffi long-tems que le mouvement des roues & des foufflets.

Second moyen. Faites agir les mêmes roues immédiatement fur les aîles avec un mouvement proportionné à la pefanteur de la machine, afin qu'il fuffife pour l'élever en l'air & pour la faire voler.

Troiſiéme moyen. On pourroit encore condenſer ou comprimer violemment l'air dans une veſſie ou dans un vaſe de verre renfermé dans le corps de la colombe; on ouvriroit le vaſe par une ſoupape qui laiſſeroit échapper l'air que deux tuyaux dirigeroient ſous les aîles; elles en ſeroient agitées, mais ce mouvement ſeroit d'une très-courte durée.

Quatriéme moyen. Faites élever l'oiſeau dans l'air par le même moyen qu'on y fait élever des œufs imbibés en dedans de roſée & expoſés aux rayons du ſoleil. Renfermez donc dans le corps de l'oiſeau un œuf ou une veſſie pleine d'une liqueur très-ſubtile, qui étant raréfiée par la chaleur du ſoleil, parviendra à le ſoulever.

Le mot employé par Lana eſt *liquore ſottiliſſimo*, & on peut le traduire par liqueur, air, ou fluide très-ſubtil. On en tirera, ſi l'on veut, des conſéquences en faveur de ce moyen; mais il faudra convenir qu'elles ſeroient forcées; car il n'y a aucune eſpèce d'air ou de fluide, quelque ſubtil qu'il ſoit poſſible d'imaginer, qui fît équilibre avec l'air déplacé à cauſe de la peſanteur de la veſſie ou de l'œuf, en y joignant les enveloppes qui figureroient les aîles & le corps de la colombe.

Je ne continuerai point de rapporter d'autres

projets aussi vains que ridicules, mis au jour pour l'imitation de cette colombe. Ils se ressemblent tous à quelques légères nuances près, qui n'ajoutent rien à l'espoir du succès, & je me rangerai d'ailleurs assez volontiers au sentiment de plusieurs auteurs qui ont estimé qu'elle n'avoit jamais subsisté réellement, & que ce qui en étoit rapporté devoit être attribué au dragon volant.

Ces exemples d'exagération sont très-communs En voici un qui concerne notre colombe.

KIRCHER. Le jésuite Athanase Kircher, si connu par son imagination & son esprit d'invention, appliqué à contrefaire les chef-d'œuvres des anciens, avoit réussi à faire élever la colombe, non par soi, mais par un moyen extérieur d'illusion. Il fit une petite statue d'Archytas qui tenoit dans sa main une ficelle à laquelle la colombe étoit attachée. Un rouage agitoit ses aîles. Elle étoit suspendue dans l'air par l'action d'une très-grosse & forte pierre d'aimant dont le mouvement la faisoit tourner autour d'un cadran placé contre le mur, où elle marquoit les heures. Ce chef-d'œuvre excita l'admiration des romains, & le bruit se répandit que Kircher avoit découvert l'art de voler, qu'il en avoit fait heureusement l'essai en présence du pape Urbain VIII, & que ce pontiſe lui en avoit interdit l'uſage. Ce bruit fut l'objet d'une converſation très-vive dans une aſſemblée de gens de diſtinction. Les uns affirmoient & d'autres nioient. Un de ceux-ci fut à Kircher & le pria en grace de l'inſtruire de la vérité du fait; il ne lui demandoit point de quelle manière il voloit, mais ſeulement s'il voloit. Kircher ſourit & l'aſſura qu'il n'en étoit rien. De retour au lieu de l'aſſemblée, ceux qui ſoutenoient l'affirmative reſtèrent dans leur opinion, en diſant que le pape avoit non-ſeulement défendu à Kircher de voler, mais même de convenir qu'il en connût les moyens. Cette anecdote eſt rapportée par le jéſuite Schott.

REGIO-MONTANUS.

Voici un exemple bien plus frappant encore de la facilité avec laquelle des erreurs ſemblables peuvent s'accréditer. Sixte, évêque de Ratisbonne, Athanaſe Kircher, Jean-Baptiſte Porta, Schott, Gaſſendi, Lana, & pluſieurs autres auteurs, aſſurent tous que l'empereur Charles-Quint s'étant rendu à Nurenberg, Regiomontanus y avoit lancé du haut d'une des portes de la ville une aigle qui vola à une grande diſtance ſur la route au-devant de cet empereur; qu'au moment où elle le rencontra, elle ſe revira & l'accompagna toujours en battant des aîles au-deſſus de ſa tête juſques dans l'intérieur de la ville. Ce fait eſt ſuperbe, merveilleux & incroyable; mais qui plus eſt, il n'a pas pu être vrai; car Regiomontanus, né en 1436, mourut en 1475, & la naiſſance de l'empereur Charles-Quint date en 1500. Il eſt bien ſingulier que tous ces graves auteurs aient répété une telle abſurdité à l'envi les uns des autres, ſans s'appercevoir de ſon anachroniſme.

Le nom propre de Regiomontanus étoit Muller. Il fut élève de Purbach, aſtronome, géomètre & mécanicien. Ce maître étoit très-habile, mais ſon diſciple qu'il chériſſoit, le ſurpaſſa & rendit ſon nom célèbre par ſes ouvrages & par ſes travaux, qui ont concouru au rétabliſſement des ſciences. Il travailla à la réforme du Calendrier, & il contribua le plus au perfectionnement de l'art de l'Imprimerie par l'invention de très-belles preſſes qui ont toujours été admirées juſqu'à ce jour. Il avoit fabriqué une mouche de fer dont il faiſoit ſon amuſement à table. Il la jettoit en l'air, elle voloit ſur la tête des convives & retournoit enſuite ſe repoſer dans ſa main. Ce fait qui peut être vrai, puiſqu'on en entrevoit les moyens dans la vertu magnétique, a pour garans tous les auteurs cités ci-deſſus, mais de plus, Ramus dont l'autorité eſt d'un grand poids. Les talens de Regiomontanus dans les mécaniques, ont été le germe de ceux que les Nurenbergeois ont cultivés juſqu'à préſent pour toutes ces petites machines curieuſes dont ils font un très-grand commerce, & parmi leſquelles il y en a de fort ingénieuſes.

La rapidité de la courſe du char à voile de Stevin égaloit celle du vol, & lui mérite une place parmi les inventions qui ont eu cet art pour but. Ce célèbre géomètre & mécanicien le conſtruiſit pour le comte Maurice, prince d'Orange, qui l'éprouva en y montant après ſa victoire de Nieuport, avec ſon priſonnier François de Mendoza. Ils furent de Schevelingue à Putten en deux heures de tems. Cette diſtance eſt de 14 lieues d'une heure de chemin. L'illuſtre Peireſc en fit l'expérience en 1606, & il répétoit ſouvent combien la promptitude de ſa marche l'avoit ſurpris. Elle égaloit celle du vent, car il ne le ſentoit point. Le char franchiſſoit les foſſés qui ſe rencontroient ſur la route; il effleuroit les eaux ſtagnantes ſur leſquelles il paſſoit; auſſitôt que les yeux des voyageurs étoient frappés d'objets éloignés, ces objets ne tardoient pas d'être outrepaſſés & derrière eux. Ces faits ont été recueillis par Gaſſendi dans la vie de Peireſc. STEVIN.

Albert de Saxe, philoſophe péripatéticien, a ALBERT DE SAXE.

ouvert une carrière pour l'art de voler bien différente de toutes celles que je viens de parcourir. Ses idées sont grandes & elles ont été le germe des desseins les plus vastes. Après avoir établi que le feu est un élément plus pur & plus léger que l'air, il en tire cette conséquence fondée sur la science des pesanteurs, que l'air est navigable au lieu où il est contigu au feu. Si un navire étoit placé au-dessus de l'air, & qu'il fût rempli de feu, il ne submergeroit point; mais aussitôt, ajoute-t-il, que l'air le rempliroit, il submergeroit, tout ainsi qu'un vaisseau étant sur l'eau coule à fond lorsque l'eau le pénètre. Albert de Saxe place dans la région du feu le séjour des salamandres, des esprits & des démons.

MENDOCA. Le père François de Mendoca, jésuite portugais, a adopté le sentiment d'Albert de Saxe, & il le prouve par des argumens en forme, déduits des raisons que j'ai détaillées. On ne doit point, dit-il, objecter la véhémence de la nature du feu, parce qu'il n'est point capable de brûler lorsqu'il est au-dessus de l'air, à cause de sa grande rareté.

SCHOTT. Le père Schott a commenté cette opinion, &, après l'avoir extraite, il poursuit: « Je continue de raisonner avec Mendoca, & j'observe qu'il est nécessaire que cette navigation soit établie au-deſſus de l'air, & précifément à l'endroit où il touche à la région du feu, parce qu'il eſt indiſpenſable que le navire ſoit entièrement rempli de matière éthérée; car plus bas, ſoit près de la terre, ſoit au milieu de la région de notre air craſſe, fétide & peſant, cette navigation ne pourroit pas réuſſir, cette matière éthérée y manquant abſolument. Si une puiſſance plus qu'humaine parvenoit à remplir de cette matière éthérée un vaiſſeau conſtruit de bois ou de lames d'airain très-minces, il n'y a aucun doute qu'il y ſeroit ſoutenu ſans aucun danger d'immerſion ni d'autres périls, & qu'il pourroit y être gouverné avec des voiles ou avec des rames.

Le père Joſeph Galien, dominicain d'Avignon, a été le dernier approbateur de ce ſyſtême, & il l'a développé d'une manière fort ingénieuſe & d'un ton tantôt ſerieux, mais quelquefois badin. M. Faujas de Saint-Fond en a rendu un très-bon compte dans ſa Préface, & j'y renvoie le lecteur. Je devrois ſans doute me diſpenſer de même de revenir ſur le projet du père Lana, mais comme on le cite encore, & que l'Italie ſur-tout paroît ne s'être pas entièrement déſiſtée de ſes prétentions, je ſuis obligé de me livrer à une diſcuſſion plus étendue. JOSEPH GALIEN.

François Lana a imaginé la conſtruction d'un LANA.

navire tel que M. Faujas de Saint-Fond l'a fait graver & inférer dans fon ouvrage des Defcriptions. Il a voulu fuppléer à la compenfation de l'air raréfié, ou du feu d'Albert de Saxe & de fes fectateurs, par le vuide. Il fait pour cet effet foutenir fon navire par quatre ballons conftruits avec des planches de cuivre très-mince, dans lefquels il prétend établir ce vuide. En conféquence, chacun de ces ballons eft garni de deux piftons, l'un au haut, l'autre au bas. Il faudra fermer celui-ci & tenir le premier ouvert pour y introduire de l'eau jufqu'à ce que le ballon foit rempli; fermez alors le pifton fupérieur, & ouvrez l'inférieur; Lana croit que toute l'eau s'écoulera & produira le vuide, & qu'en fermant auffitôt le pifton inférieur, il ne s'y introduira point d'air.

Les autres conditions attachées à cette conftruction, font que les planches de cuivre ne pèfent pas plus de 3 onces par pied quarré; que les quatre ballons foient liés deux à deux par des bâtons de bois pour éviter leurs chocs; qu'il y ait au milieu du navire un mât pour foutenir une voile, & que les hommes qui le monteront foient pourvus de rames.

Lana raifonne enfuite très-bien en fe fondant fur les différentes loix des proportions des parties de la fphère, fuivant qu'elles font reconnues évidemment depuis Archimède juſqu'à ce jour. Les rapports de ces parties ſont tels dans la progreſſion de l'augmentation de leurs grandeurs, que les diamètres ſuivent la loi des nombres naturels, les ſuperficies à celle des quarrés, & les ſolides ſoit les quantités contenues dans la ſphère, ſuivent la loi des cubes. La ſuperficie du diamètre 2 eſt 12 $\frac{4}{7}$; ſon ſolide eſt 4 $\frac{4}{21}$. La ſuperficie du diamètre 4, eſt 50 $\frac{2}{7}$; ſon ſolide 33 $\frac{11}{21}$. Ainſi, lorſque je double un diamètre, il faut que je quadruple la ſuperficie, & que j'octuple le ſolide. Il en réſulte de ces différences dans les progreſſions de l'augmentation des parties, qu'il eſt très-aiſé de déterminer la grandeur néceſſaire pour l'objet qu'on ſe propoſe, & dans laquelle le poids de la ſuperficie d'une ſphère produira un rapport tel qu'il eſt exigé avec le poids de la quantité de ſon ſolide.

Lana ſuppoſe un diamètre de 14 pieds par ballon, qui produit à chacun d'eux 616 pieds quarrés de ſuperficie, & 1437 $\frac{1}{3}$ pieds cubes de ſolide. Ce rapport ne lui ſuffiſant pas, il double la ſuperficie égale à 1232 pieds, & il quadruple le ſolide égal à 5749 $\frac{1}{3}$ pieds. Il commet ainſi une erreur digne d'un écolier, jeune & étourdi; le diamètre d'une ſuperficie de 1232 eſt 19 $\frac{798}{1000}$, & ſon ſolide 4065 $\frac{387}{100}$; je corrige ſon calcul en ſuppoſant aux ballons un diamètre de 24 pieds, une ſuperficie de 1810 $\frac{2}{7}$ pieds quarrés, & un ſolide de 7241 $\frac{1}{7}$ pieds cubes, & en me conformant aux meſures & poids de Paris, la ſuperficie de chaque ballon, à 3 onces par pied, pèſera 339 liv. 6 onces, & le ſolide en air déplacé à 11 gros le pied cube, 622 liv. 4 onces; la légèreté des quatre ballons ſeroit donc de 2489 liv. & la peſanteur du cuivre 1357 liv. 12 onces. En ſouſtrayant la peſanteur de la légèreté, il reſteroit 1131 liv. 4 onces de force aſcenſionnelle pour enlever le navire, les hommes, le mât, la voile & les rames.

Tel eſt le projet de Lana dans toute ſon intégrité. Sturmius & pluſieurs autres ſavans ont eſtimé qu'il étoit praticable; mais il ne l'eſt point, & on l'a eſſayé envain. D'autres ſavans du premier ordre l'ont reconnu impoſſible, & les objections qui ſe préſentent dans un examen réfléchi, démontrent la vérité de leur opinion.

1°. Une force de 1131 liv. 4 onces n'eſt pas ſuffiſante pour enlever le navire & ſes acceſſoires: trois hommes, le mât, la voile, les rames, les cordes, cordages & autres articles néceſſaires pour la manœuvre, pèſeroient au moins de cinq à ſix cens livres; & comme il faudroit réſerver de ſoixante à quatre-vingts livres de force

aſcenſionnelle,

ascensionnelle, il ne resteroit que cinq à six cens livres environ à employer pour la construction du navire. Sa grandeur exigée par les places destinées aux quatre ballons, au mat & au jeu de la voile, devroit être de 1200 pieds quarrés en y comprenant la hauteur des bords; sa matière est requise solide, compacte & propre à soutenir les efforts & les résistances; elle pèsera donc davantage : premier motif d'exclusion.

2°. Une feuille de cuivre du poids de 3 onces par pied quarré, est trop mince & trop foible pour soutenir l'effort de la compression causée par l'air environnant des sphères d'un aussi grand volume. Le pied cube de cuivre de Suède pèse 612 liv. ou 9792 onces, qui, divisées par 3, donnent au quotient la réduction de l'épaisseur à $\frac{3264}{1}$, & en la divisant par 144 lignes quarrées d'un pied dont le cube est composé, chacune de ces lignes quarrées pesant 3 onces, n'aura que $\frac{1}{22\frac{2}{3}}$ ou $\frac{3}{68}$ parties d'une ligne d'épaisseur. Il est impossible qu'une aussi extrême ténuité soutienne les efforts auxquels elle seroit soumise. Leibnitz qui a commenté le projet de Lana, s'est borné à démontrer ce vice pour conclure, *quod fieri nequit;* que cela ne peut pas se faire. Second motif d'exclusion.

3°. Le moyen que Lana propose pour opérer le vuide eſt impraticable. Il n'y en a pas même de bon à lui ſubſtituer. Il eſt très-poſitif que, lorſque le piſton ſupérieur ſeroit fermé & l'inférieur ouvert, l'eau ne s'écouleroit point, parce que la preſſion de l'air qui eſt néceſſaire pour procurer cet effet, lui manqueroit. Si on ſubſtituoit à l'eau le mercure, celui-ci s'écouleroit; mais un petit inconvénient s'y oppoſe, car, comme Borelli l'a obſervé, il n'y a pas aſſez de mercure ſur la terre pour remplir une machine auſſi vaſte. Cette conſidération a fait conclure à ce ſavant que l'opinion de ceux qui propoſoient d'avoir recours au vuide, étoit vaine à l'extrême. Troiſième motif d'excluſion.

4°. Je ſuppoſe un inſtant que l'eau pût s'écouler, ou que l'on pût ſe procurer aſſez de mercure pour remplir un ballon de 24 pieds de diamètre; alors ſon poids avec l'eau excéderoit cinq cens mille livres, & avec le mercure ſix millions ſept cens quatre-vingt mille livres. Quelles machines & quelles dépenſes ne faudroit-il pas pour manier de telles ſphères, & les tenir ſuſpendues? Et quel en ſeroit le but? Un voyage de quelques jours; car il faudroit bien redeſcendre. Quatrième motif d'excluſion.

Lana avoit indiqué le moyen de deſcendre, en ouvrant les piſtons inférieurs des quatre ballons pour y donner entrée à l'air, & y détruire graduellement le principe de leur légéreté. C'eſt le même que MM. Robert avoient imaginé pour l'expérience des Tuileries. Il n'y a pas de doute qu'ils ignoroient que Lana l'eût dit, mais il y a lieu de s'étonner, qu'en poſſeſſion d'un mérite bien reconnu, ils l'aient annoncé dans leur programme myſtérieuſement & avec un air de prétention.

Il me reſte à examiner s'il ſeroit poſſible de corriger les défectuoſités du projet de Lana, en ſubſtituant à ſon vuide quelqu'un des gaz légers dont la chimie a enrichi de nos jours la phyſique. Je ſuppoſerai pour cet effet un ballon de 40 pieds de diamètre, qui déplacera environ 2880 liv. d'air atmoſphérique, quantité excédant celle des quatre ballons de 24 pieds, & dont la ſuperficie ſera de 7028 $\frac{1}{7}$ pieds, au lieu de 7241 $\frac{1}{7}$ pieds des mêmes quatre ballons. Il faut remédier à la trop grande ténuité du cuivre. J'eſtime que ſon épaiſſeur ſera ſuffiſante à un huitième de ligne, & qu'elle ne le ſera pas trop pour une auſſi grande machine. Le poids de ce ballon, de 40 pieds de diamètre, ſeroit en cuivre de 3734 liv. Le moyen d'y introduire l'air léger ſeroit d'y pratiquer deux ouvertures, l'une au haut, & l'autre au bas, de faire deſcendre par la ſupérieure un ballon de taffetas verni & garni d'un robinet, jufqu'à l'inférieure, où l'on retiendroit le robinet qui correfpondroit au tuyau de communication qui tranfmettroit le gaz. A mefure que le taffetas gonfleroit, il expulferoit l'air atmofphérique ; & lorfqu'il feroit plein, on fermeroit les deux ouvertures avec des plaques bien foudées, en joignant à l'inférieure un robinet pour donner entrée à l'air extérieur, qui devroit procurer au befoin la defcente. Le ballon de taffetas & le gaz fuppofé très-léger, & à un dixième de l'air atmofphérique, pèferoient environ 500 liv. à ajouter à 3734 liv. poids du cuivre, indépendamment du poids du navire & des hommes, & de l'excès de légèreté néceffaire pour l'élévation requife. Tous ces poids réunis excéderoient de près du double celui de 2881 liv. de l'air déplacé. Quelle énorme capacité faudroit-il donc pour rendre ce moyen utile? Elle exifte, mais voudra-t-on en faire la dépenfe ?

L'invention du ballon fubfidiaire introduit dans celui de cuivre, eft ingénieufe ; & fi j'ufois d'une fimple réticence fur fon auteur, on auroit droit de me foupçonner de vouloir me l'attribuer. Je fuis trop éloigné de cet abus bas & vil, quoique très-commun, d'un amour-propre vicié, & trop révolté de tant de prétentions menfongères qui circulent dans le monde, pour ne pas écarter juſqu'au moindre ſoupçon d'y participer. Cette idée eſt de dom Gauthey, religieux bernardin, qui a ſéjourné dans cette ville, & qui réſide actuellement à Saint-Etienne en Forez. Elle peut être perfectionnée en ajoutant à côté du ballon de cuivre un ſecond ballon extérieur de taffetas attaché de même au navire, combiné de manière qu'il ait une force de 100 liv. environ au-deſſus de l'équilibre, dans laquelle force ſeroit compris un ſupplément qui manqueroit à celui de cuivre joint au poids du navire. Alors en lâchant le petit ballon au beſoin, on deſcendroit par le poids qui reſteroit. Cette ſeconde idée eſt détaillée dans le Mémoire que M. Carra, auteur des Nouveaux Principes de Phyſique, a remis & lu dans une aſſemblée de l'académie royale des ſciences le 14 janvier, & il n'a pas été le ſeul à la concevoir, quoiqu'il ne l'ait point empruntée.

Si l'on tente jamais la réunion de ces projets, on avouera ſans peine que celui de Lana aura bien changé de face, & qu'il étoit inexécutable tel qu'il l'a donné.

BORELLI.

Jean-Alfonſe Borelli, de Naples, célèbre profeſſeur de mathématique du dernier ſiècle, à Florence & à Piſe, ſe retira à Rome où il mit la dernière main à ſon excellent traité du mouvement des animaux, qu'il dédia à la reine Christine de Suède. Il y traita du vol au chapitre 22 du premier volume, & dans la proposition 204, il prétendit démontrer l'impossibilité où les hommes étoient d'en exercer la faculté par aucun des moyens proposés jusqu'alors, soit avec des aîles, soit par des machines. Je me suis appuyé de l'autorité de ce savant distingué, au troisième motif d'exclusion du projet de Lana, & je me crois obligé d'extraire & de présenter ses idées, parce qu'elles sont très-bien raisonnées, parce qu'elles ont beaucoup de force, parce qu'elles répondent exactement aux prétentions des fauteurs du vol par les aîles, que j'ai rapportées, & enfin, parce qu'il dément formellement la fausse gloire dont tant d'écrivains peu instruits ou négligens de s'instruire, ont voulu le couvrir. Il a été cité comme ayant connu & indiqué la découverte de MM. de Montgolfier. Quelques lignes copiées de son ouvrage, & isolées de ce qui les précède & de ce qui les suit, ont jetté dans l'erreur bien des gens. On fait aisément revenir le public au vrai dans une circonstance telle que celle-ci, mais cela n'est pas dans d'autres toujours aussi facile, & de grands maux peuvent résulter de cette espèce d'infidélité : d'ailleurs, ces auteurs sur-tout qui s'érigent en juges des belles-lettres, des ſciences & des arts, ne devroient-ils pas avant que de rédiger leurs arrêts, étudier ſans prévention, ſans bile & avec une ſage modération au moins la vérité des faits ? Ils ſeroient excuſables alors, s'ils n'erroient que par foibleſſe ou défaut de jugement. Entendons Borelli. Il obſerve que l'on doit conſidérer trois choſes dans le vol; 1°. la force motrice par laquelle le corps de l'animal eſt ſuſpendu dans l'air; 2°. ſes inſtrumens propres, qui ſont les aîles; 3°. la réſiſtance du poids du corps de ce même animal. On reconnoît le degré de la faculté motrice par la maſſe & la quantité des muſcles deſtinés à mouvoir & à diriger l'action des aîles. La force motrice des aîles des oiſeaux eſt dix mille fois plus grande que la réſiſtance de leur poids, & notre auteur avoit démontré auparavant que la nature leur avoit accordé cette force ſi énorme & ſi exceſſive par le ſecours de leurs muſcles pectoraux.

Lors donc, dit-il, qu'on cherche à découvrir ſi les hommes peuvent voler avec le ſecours de leurs forces motrices, il faut examiner ſi celles de leurs muſcles pectoraux ſont dans le même rapport, ſavoir ſi elles ſurpaſſent dix mille fois la réſiſtance du poids du corps humain, en y ajoutant celui de très-grandes aîles qu'ils devroient ajuſter à leurs bras. Il eſt très-poſitif que ces forces motrices des muſcles pectoraux des hommes ſont infiniment au-deſſous de ce que la faculté du vol exige, parce que le poids de la maſſe des muſcles & des aîles des oiſeaux eſt au moins une ſixième partie du poids de leur corps; il faudroit donc que les muſcles pectoraux de l'homme peſaſſent une ſixième partie du poids de ſon corps, afin que les bras en agitant les aîles, puſſent exercer des forces dix mille fois plus grandes que ce poids; mais ces muſcles pectoraux ſont bien éloignés de ce rapport, & ils n'égalent pas la centième partie du poids total de l'homme; c'eſt pourquoi il faudroit pouvoir augmenter les forces de ces muſcles, ou diminuer le poids du corps, afin de rencontrer un rapport proportionné à celui qui exiſte dans les oiſeaux.

On déduit delà que l'artifice d'Icare a été entièrement fabuleux, puiſqu'il étoit impoſſible; car on ne peut point augmenter les muſcles pectoraux de l'homme, ni diminuer le poids de ſon corps; & ſi l'on recouroit au ſervice de quelqu'eſpèce de machine, de levier & de quelqu'autre inſtrument que ce fût pour accroître la vîteſſe, elle ne ſuffiroit jamais à vaincre ni à repouſſer la réſiſtance avec aſſez de velocité; ainſi, la vibration des aîles aidée par une machine qui imiteroit la contraction des muſcles, ne parviendra point à ſoutenir dans l'air le corps lourd de l'homme avec la même vîteſſe que les muſcles l'opèrent.

Il nous reſte ſeulement à examiner ſi l'on peut diminuer la peſanteur du corps de l'homme, non d'une maniere abſolue, ce qui eſt impoſſible, mais ſpécifique & réciproque à l'égard du fluide aérien, comme on l'opère en faiſant ſurnager des lames de plomb à l'eau, en leur donnant une ſurface qui les combine avec la peſanteur de cette eau, ſuivant la doctrine d'Archimède. La nature s'eſt ſervie de ce moyen pour les poiſſons en plaçant une veſſie dans leur ventre qui leur ſert à ſe mettre en équilibre avec l'eau, & à s'y repoſer tout ainſi comme s'ils étoient eux-mêmes des maſſes d'eau.

Quelques modernes ſe ſont perſuadés qu'ils pourroient imiter cet artifice & rencontrer l'équilibre du poids du corps de l'homme avec l'air même, en employant une grande veſſie abſolument vuide ou remplie d'un fluide très-ſubtil, qui fût d'une capacité telle qu'elle pût tenir un homme ſuſpendu dans le fluide aérien.

Mais nous découvrons & nous concevons aiſément combien leur eſpérance eſt vaine, puiſque cette veſſie doit être fabriquée avec un métal dur & compacte, tel que le cuivre ou l'airain, & qu'il faut extraire l'air qu'elle contiendra, afin qu'un vase aussi énorme puisse occuper une place au milieu de l'air, soit seul, soit en portant un homme. Il faudroit pour cet effet que la capacité de ce vase fût de plus de 22 mille pieds cubes, & que les lames de son enveloppe fussent réduites par conséquent à une ténuité insigne. Une telle machine ne peut pas être ni construite, ni conservée; aucune pompe pneumatique n'est capable de la vuider, & il seroit très-inutile de tenter à le faire par le moyen du mercure, car une quantité aussi considérable ne se trouve pas sur la terre, & ne pourroit point être maniée. Supposons même que ce vuide immense pût être obtenu, il est certain qu'alors les membranes de ce vase d'airain ou de cuivre ne pourroient pas résister contre la violente compression de l'air qui le froisseroit & le mettroit en pièces.

Borelli ajoute encore quelques autres motifs à l'appui de son opinion. Je ne crois pas nécessaire de les transcrire, en ayant dit assez pour détruire les erreurs qu'on a répandues tant à son sujet qu'à celui de Lana. Cependant, pour ne pas laisser lieu au moindre doute, on trouvera leurs textes rapportés en entier à la fin de cet ouvrage.

Pendant que je m'occupois de ces recherches, je fus informé que M. de Guſman, habile phyſicien, avoit fait élever dans l'air, en 1736, un panier d'oſier recouvert de papier. Il étoit oblong & de ſept ou huit pieds de diamètre. Il s'éleva à la hauteur de la tour de Lisbonne, qui eſt de 200 pieds environ. On nommoit depuis lors M. de Guſman pendant ſa vie, l'Ovoador. Ce mot portugais ſignifie, celui qui fait voler. On le diſtinguoit ainſi de ſes deux frères, dont l'un, homme d'un grand mérite, étoit fort aimé du roi & travailloit en particulier avec lui; le ſecond, religieux carme, étoit un des plus grands prédicateurs de ſon tems. Ce fait, dont je ne pouvois pas douter par le témoignage certain d'une perſonne reſpectable qui y avoit été préſente, m'engagea d'écrire à un négociant très-diſtingué de Lisbonne. Je le priai de m'en procurer les informations les plus préciſes, & ſur-tout celles des moyens dont il avoit été fait uſage. Il me répondit que j'étois bien inſtruit, que la choſe étoit très-vraie; pluſieurs perſonnes ſe la rappeloient encore, mais très-confuſément; il avoit connu particulièrement M. de Guſman, frère du phyſicien; ils avoient parlé ſouvent enſemble de cette anecdote en en riant, parce qu'elle avoit été attribuée à un ſortilège; il me promit enfin de faire continuer ſes

DE GUSMAN.

recherches pour en obtenir quelqu'autre circonſtance. Elles ont été inutiles à ce ſujet ; mais ce négociant obligeant m'a envoyé copie d'un autre projet, avec celle d'une requête préſentée au roi de Portugal par ſon auteur. Je la joins ici, parce qu'elle contient quelques vues ſur l'uſage des aéroſtats.

LOURENÇO. Repréſente le père Barthelemi Lourenço, qu'il a découvert un inſtrument pour cheminer dans l'air de la même manière que ſur la terre & par mer, avec beaucoup de promptitude, en faiſant quelquefois au-delà de deux cens lieues par jour, avec lequel on pourra porter les avis de la plus grande importance aux armées & pays éloignés preſque dans le même tems qu'on les réſout; ce qui intéreſſe votre majeſté beaucoup plus que tout autre prince, par la plus grande diſtance de vos domaines, en évitant par ce moyen la mauvaiſe adminiſtration des conquêtes, qui provient en grande partie de ce que les avis arrivent tard. Votre majeſté pourra de plus en faire venir plus promptement & plus ſûrement tout ce qui lui ſera néceſſaire & qu'elle déſirera; les négocians pourront faire paſſer des lettres & des capitaux aux places aſſiégées, ou en recevoir. Ces places pourront auſſi être ſecourues en tout tems de vivres, d'hommes & de munitions, & l'on pourra en faire ſortir les perſonnes que l'on voudra, ſans que les ennemis puiſſent y mettre aucun empêchement. On découvrira les régions les plus éloignées aux poles du monde, & la nation portugaiſe jouira de la gloire de cette découverte, indépendamment des avantages infinis que le tems fera connoître. Et comme cette découverte pourroit provoquer pluſieurs déſordres, & que pluſieurs crimes pourroient ſe commettre dans la confiance qu'elle inſpireroit à leurs auteurs de reſter impunis en s'en ſervant pour paſſer à l'inſtant dans d'autres royaumes, il convient donc d'en reſtreindre l'uſage & d'autoriſer une ſeule perſonne à en exercer la faculté, & que ce ſoit à elle à qui en tout tems on enverra les ordres convenables pour faire les tranſports, faiſant défenſe à tous autres de s'en ſervir ſous des rigoureuſes peines, & récompenſant le ſuppliant d'une invention auſſi utile; votre majeſté eſt ſuppliée qu'elle daigne accorder au requérant le privilège excluſif du ſervice de cette machine, défendant à tous & un chacun, de quelque qualité que ce ſoit, d'en faire uſage en aucun tems dans ce royaume ou dans les conquêtes, ſans permiſſion du ſuppliant ou de ſes héritiers, ſous peine de la perte de tous leurs biens & toutes autres qu'il plaira à votre majeſté d'infliger.

Au bas est la décision du roi de Portugal dans cette forme :

Consulté au conseil de l'expédition des dépêches ; il a été délibéré d'une voix unanime que la récompense demandée par le suppliant étoit trop modique, & qu'on devoit l'amplifier.

Sorti dépêché avec la résolution suivante :

Conformément à l'avis de mon conseil, j'aggrave de la peine de mort celles énoncées contre les transgresseurs ; & afin que le suppliant s'applique avec plus de zèle au nouvel instrument faisant les effets qu'il dit, je lui accorde la première place qui vaquera dans mes collèges de Barcelos ou Santarem, & de premier professeur de mathématiques de mon université de Coimbre, avec 600,000 réis de pension, (3750 liv. argent de France) pendant la vie du suppliant seulement. Lisbonne, 17 avril 1709.

avec paraphe du Roi.

Il ne faut pas s'étonner si cette machine n'a jamais été employée, & si elle étoit tombée dans l'oubli. Elle représente sous une espèce de figure d'oiseau un corps de bâtiment soutenu par des tuyaux où le vent devoit s'engouffrer, & se porter à des espèces de voiles attachées au-dessus du navire pour l'enlever ; à défaut de vent, on devoit y ſuppléer en faiſant uſage de gros ſoufflets. Un grand nombre de morceaux d'ambre étoient attachés à un toît de fil de fer, afin, à ce que préſumoit l'auteur, d'attirer en l'air le bas du bâtiment, qui, pour cet effet, étoit garni de nattes faites de paille de ſeigle. Deux ſphères contenoient, ſuivant lui, le ſecret attractif, & une pierre d'aimant. Un gouvernail ſur le derrière devoit ſervir à diriger la marche. Des aîles attachées aux côtés, n'avoient d'autre emploi que d'empêcher la machine de chavirer. Elle devoit être montée par dix hommes. Le deſſin que j'en ai reçu eſt bien conforme à celui que MM. Eſnaut & Rapilli en ont fait graver. Les détails qu'ils y ont joints ne ſont pas bien correcs, & c'eſt ſur tout mal-à-propos que le nom Guſman ſe trouve joint à Barthelemi Lourenço.

Il y a un ouvrage portugais intitulé : *Récréations Philoſophiques*, publié en 1751 par M. Joſeph-François d'Almeida, où l'on trouve un dialogue ſur l'art de voler. Le projet de Lana & la fable d'Icare y ſont rapportés, & il n'y eſt fait aucune mention des deux anecdotes ci-deſſus citées, ni même de l'ouvrage de Mendoca, compatriote de l'auteur. ALMEIDA.

On imprima à Paris en 1739, chez Bauche,

PROJET D'EXÉCUTION D'UN BALLON DE CUIVRE.

père, & Chriſtophe David, un livre ſous ce titre: *La Curioſité Fructueuſe*, ouvrage dédié aux curieux intéreſſés. C'eſt une brochure de 41 pages, remplie de penſées triviales, groteſques & mal digérées, qui ſe termine par l'annonce de ſix expériences que l'auteur devoit faire avec un aéroſtat. Tous ceux qui achetoient ce livre pour 24 ſols, avoient droit de préſence à ces expériences en apportant le livre pour y couper une marque répétée aux ſix derniers feuillets où elles ſe trouvent encore toutes, ce qui témoigne que cela n'a point été exécuté. La curioſité aura ainſi été fructueuſe pour l'auteur, & trompeuſe pour les acheteurs. Il y joignit le projet de ſix expériences utiles & ſurprenantes. Il s'agit de l'exécution du projet de Lana, qui y eſt nommé de Léma, & en latin Franciſcus de Lazis ou Laziis, au lieu de Franciſcus de Lanis. Un ſeul vaſe devoit produire les effets deſirés par le vuide. Ce vuide étoit annoncé par le moyen de la pompe pneumatique, ſoit par un autre équivalent. L'auteur promettoit enfin à la ſuite de chacune des expériences, d'en expliquer le mécaniſme & les opérations par des diſſertations particulières, & d'indiquer au plutôt le tems & le lieu où elles ſeroient faites. Je m'interdis les réflexions que préſentent des idées auſſi ridicules, qui ſe détruiſent aſſez d'elles-mêmes.

Il

Il s'eſt fait depuis lors, toujours inutilement, encore quelques eſſais de machines ou d'aîles, par M. le chanoine Desforges, par M. Blanchard, déjà cité, & par quelques autres, qui ont confirmé l'eſpèce d'impoſſibilité qu'il y a de s'élever dans les airs par les ſeules reſſources de la mécanique. Je crois qu'il ſeroit déplacé d'en faire une mention plus étendue, d'autant plus qu'il s'agit de tentatives faites dans l'âge de la jeuneſſe où l'on oſe tout entreprendre, & que pluſieurs de ces artiſtes dont je tais le nom, ont donné enſuite des preuves non équivoques d'une ſcience conſommée. J'excepte cependant une anecdote que trois membres de l'académie de Lyon ont rapportée dans une diſſertation, du pere Grimaldi, qui auroit traverſé heureuſement par les airs le paſſage de Calais à Douvres, en 1751.

La qualité d'académiciens peut induire en erreur les gens crédules, & je dois les avertir que ce fait extraordinaire, qui ébranleroit toutes les meilleures théories, eſt abſolument inconnu dans ces deux villes, quelque récent qu'il fût, s'il étoit vrai, & malgré le grand nombre de témoins vivans qu'il devroit avoir. Il faut donc le ranger, non-ſeulement au nombre des choſes incroyables, mais à celui des choſes haſardées & contraires à la vérité.

CYRANO DE BERGERAC.

Je ne me dispenserai pas de même de rétrograder pour parler des idées ou des rêveries singulières de Cyrano de Bergerac. Son imagination brillante, bisarre & fantastique, a répandu un aimable enjouement sur ses récits. Sous l'empreinte du badinage, il a bien vu, & beaucoup mieux que la plupart de ceux qui ont raisonné le plus gravement. Il peut n'y avoir attaché aucune conséquence ; il n'a fait & n'a voulu faire qu'un roman, mais ce roman est rempli de grandes vérités.

Cyrano est curieux de voyager dans la lune. Il attache pour cet effet, autour de son corps, quantité de fioles pleines de rosée. Le soleil les attire par ses rayons, en l'élevant au-dessus des nuées & de la moyenne région de l'air, il casse successivement plusieurs de ces fioles, & redescend peu à-peu à terre. Arrivé dans le Canada, il y construit une machine à rouages & s'élève de nouveau, mais il retombe & se meurtrit le corps. Après s'être enduit de moëlle de bœuf, il retourne au lieu où il avoit laissé sa machine. Des soldats s'en étoient emparés & l'avoient garnie de fusées. Cyrano accourt pour les empêcher d'y mettre le feu, & s'élance dedans. Les fusées partent & l'enlèvent ; lorsqu'il n'en reste plus, la machine l'abandonne & retombe ; mais il continue ſa route, parce que la lune ſe trouvoit dans ſon décours, tems auquel elle ſuce la moëlle des animaux. Elle buvoit donc celle qui étoit autour de lui en l'attirant. Il tombe ſur elle les pieds en haut.

Il ſe trouve dans un lieu délicieux, où il fait la rencontre d'un jeune adoleſcent d'une beauté majeſtueuſe qui lui apprend des choſes merveilleuſes. On les lira page 343 à 345 du tome premier de ſes œuvres, édition d'Amſterdam, chez Daniel Pain, 1699; il lui parle, entr'autres, d'un perſonnage qui étoit paſſé autrefois de la terre à la lune, révolté des effets de l'ambition des hommes, qui s'égorgeoient pour le partage de ce monde. Perſonne avant lui n'en avoit connu les chemins, mais ſon imagination y avoit ſuppléé; *car comme il eut obſervé...... il remplit deux grands vaſes qu'il lutta hermétiquement, & ſe les attacha ſous les aîles : la fumée auſſitôt qui tendoit à s'élever, & qui ne pouvoit pénétrer le métal, pouſſa les vaſes en haut, qui enlevèrent de la ſorte ce grand homme. Il quitta ſes nageoires à quatre toiſes au-deſſus de la lune. L'élévation étoit cependant aſſez grande pour le beaucoup bleſſer, mais le grand tour de ſa robe, où le vent s'engouffra, le ſoutint doucement juſqu'à ce qu'il eut mis pied à terre. Les deux vases montèrent jusqu'à un certain espace où ils sont demeurés, & c'est ce qu'on appelle aujourd'hui les balances.*

Le prétendu jeune homme, qui entretenoit Cyrano, avoit quelques mille ans. Il étoit originaire du soleil, & il connoissoit notre terre. Il avoit préféré le séjour de la lune, parce que les hommes y sont amateurs de la vérité, qu'on n'y voit point de pédans, que les philosophes ne s'y laissent persuader qu'à la raison, & que l'autorité d'un savant, ni le plus grand nombre ne l'emportent point sur l'opinion d'un batteur en grange, quand il raisonne bien; en un mot, on n'y compte pour insensés que les sophistes & les orateurs. Voici la manière dont cet être singulier ou ce démon étoit parvenu à la lune. Il avoit pris & mis deux pieds quarrés d'aimant dans un fourneau. Lorsqu'il fut bien purgé, précipité & dissous, il en tira l'attractif calciné & le réduisit à la grosseur d'une balle médiocre.

Le démon construisit ensuite une machine de fer fort légère, il y entra, & s'étant assis bien appuyé sur le siège, il jetta sa boule fort haut en l'air & répéta continuellement ce jeu; la boule lui revenoit toujours, parce que l'attraction la rendoit inséparable de sa cage. L'acier de cette maison volante, poli avec beaucoup de soin, réfléchissoit de tous côtés une lumière ſi brillante, qu'il croyoit lui-même être tout en feu. Aux approches de la lune, il jetta ſa boule en différens ſens pour rallentir la chûte, & il réuſſit à la rendre auſſi douce que s'il ne fût tombé que de ſa hauteur.

Cyrano parcourut l'empire de la lune avec ſon démon ; il réfléchit enſuite que les riches enfans de Paris font une fois en leur vie le voyage de Rome, & il voulut les imiter. Il pria le démon de le ramener ſur la terre & de l'y conduire. Il y conſentit, le prit ſerré dans ſes bras & lui fit faire ce trajet en un jour & demi, après quoi il diſparut.

Plus on a vu & plus on veut voir. Cyrano conçut le projet de viſiter le ſoleil. Il avoit tant d'obligations à ſon démon, qu'il étoit naturel de déſirer de connoître le lieu de ſa naiſſance, pays où les habitans vivent ſept ou huit mille ans. Il charpenta, rabotta, colla & conſtruiſit enfin une nouvelle machine. C'étoit une grande boëte fort légère, haute de ſix pieds, large de trois, qui fermoit très-juſte. Elle avoit deux trous, l'un au haut, l'autre au bas ; il poſa à celui de deſſus un vaſe ou boule de criſtal à facettes, à pluſieurs angles en forme d'icoſaèdre, trouée de même, faite en globe & très-ample, dont le gouleau aboutiſſoit & s'enchaſſoit dans le trou du chapiteau. Ainſi, chaque facette étant convexe & concave, cette boule devoit produire l'effet d'un miroir ardent.

Cyrano expoſa cette boëte au ſommet de la tour de la priſon où il étoit reſſerré. On n'a pas été à la lune, ſans être ſoupçonné d'être ſorcier, & il étoit pourſuivi comme tel. Il s'y renferma; &, après une heure d'attente, le ſoleil débarraſſé de nuages, éclairant la machine, l'icoſaèdre tranſparent en recevoit les rayons à travers ſes facettes, & répandoit ſa lumière dans la cellule par le bocal. La ſplendeur s'affoibliſſoit, parce que les rayons ſe rompoient pluſieurs fois, & cette vigueur de clarté tempérée, convertiſſoit la chaſſe en un petit ciel de pourpre émaillé d'or.

Dans l'extaſe où la beauté d'un coloris ſi varié jetta Cyrano, il ſe ſentit enlevé, & il s'apperçut par le trou du plancher de ſa boëte, que la terre s'éloignoit avec beaucoup de vîteſſe. Le ſoleil battant vigoureuſement ſur les miroirs concaves, réuniſſoit ſes rayons dans le milieu du vaſe, & chaſſoit par ſon ardeur l'air dont il étoit plein, par le tuyau d'en haut. La nature détruiſoit le vuide à meſure qu'il ſe formoit, & l'éther entrant avec violence dans la machine par le trou d'en bas, lui ſervoit d'agent & la pouſſoit ſans ceſſe.

Cyrano conte enſuite tout ce qu'il a vu dans

le ſoleil. Il y trouva Campanella, fameux dominicain calabrois, & ils ne ſe quittèrent plus. Dans un de leurs voyages, ils furent conduits à travers les airs par un condor, oiſeau d'une groſſeur énorme, qui les traîna au royaume des philoſophes; ils y rencontrent Deſcartes, avec qui ils entrent en converſation ſur l'art de deviner. Il étoit difficile de s'en bien tirer; auſſi notre auteur, embarraſſé ſans doute, nous laiſſe-t-il là, terminant ſon récit, ſans parler même de ſon retour ſur la terre.

Résumé.

Je m'arrête un inſtant pour réſumer briévement les idées qui ont précédé la découverte de l'art du vol, & qui l'avoient en vue. Les faits antiques qui nous ont été conſervés, ſont tous empreints d'une obſcurité impénétrable à ce ſujet; les conjectures qu'ils font naître ſont vagues & incertaines, & bien éloignées de préſenter des réſolutions claires, qui puiſſent ſe confirmer par l'expérience. L'art, ni la ſcience des mécaniques, n'ont procuré aucune reſſource réelle pour acquérir l'art du vol depuis le ſiècle de Roger Bacon juſqu'à ce jour. Les tentatives infructueuſes qu'ils ont ſuggéré de faire, ont annoncé une eſpèce d'impoſſibilité de réuſſir par leur ſecours, ſi tant eſt même que cette impoſſibilité ne ſoit point abſolue; car il a été démontré évidemment qu'en accordant qu'on pût parvenir à conſtruire des aîles telles que la peſanteur de l'homme les exige, & qu'en ſuppoſant encore qu'il pût s'en ſervir avec facilité, il n'en ſeroit pas moins vrai que ſes forces n'auroient pas aſſez de puiſſance, d'activité & de vélocité pour perpétuer le mouvement. Borelli a fait cette dernière démonſtration d'une manière ſévère & rigoureuſe. Les raiſons & les motifs qui l'ont dirigé expliquent très-bien les cauſes de tous les malheurs éprouvés par ceux qui ont employé, d'abord avec une première apparence de ſuccès, les aîles les mieux conſtruites.

L'aurore de l'art du vol, que nous poſſédons actuellement, a laiſſé échapper quelque clarté des méditations d'Albert de Saxe. Le fluide très-ſubtil ſuppoſé à la colombe d'Archytas en avoit été l'avant-coureur. Albert avoit vu ce fluide dans la région qui domine celle des airs; ſon projet commenté par Mendoca & par Schott, ne préſentoit cependant qu'un délire à la raiſon; & le moine Galien, qui s'étoit ſervi de ces idées pour une démonſtration auſſi ingénieuſe que gigantesque, n'avoit rien diminué de l'impoſſibilité apparente. Il falloit encore, après l'avoir lu, répéter avec Schott, quelle eſt la puiſſance plus qu'humaine qui élevera le navire à une ſi haute région?

Lana & ſes ſectateurs ont vainement tenté de ſurmonter cette grande difficulté de l'élévation, en ayant recours au vuide ; toutes leurs ſpéculations échouent & s'évanouiſſent en les ſoumettant à un examen approfondi. Les vrais ſavans, Léibnitz, Borelli, les ont ſapées & détruites juſqu'aux fondemens, & elles ſont encore auſſi impraticables aujourd'hui qu'elles l'étoient alors.

Les pères Laure, Fabri, &c. ont entrevu la puiſſance du feu, mais dans la fuſée ſeulement. Les tubes d'étain qu'ils ont propoſés pour jouir de l'action du feu, & élever la colombe d'Archytas, n'étoient que des eſpèces de mauvaiſes fuſées. La meilleure du plus habile artificier entraîneroit avec peine le poids d'un quart de livre, & ſon effet n'auroit qu'une très-courte durée.

Borelli a énoncé les conditions du problême de l'élévation des corps graves dans l'air avec une netteté & une préciſion admirable & digne de lui ; à préſent que ce problême eſt réſolu, on apperçoit encore mieux le mérite de la clarté avec laquelle il a été propoſé ; mais, avant qu'il le fût, les difficultés exiſtoient dans tout leur entier. Borelli même n'a pas prévu qu'elles puſſent être applanies. Son ouvrage n'eſt point du nombre de ces livres obſcurs que les érudits ou les bibliographes ſont ſeuls à connoître. Il eſt entre les mains de tous les ſavans qui l'eſtiment beaucoup, & aucun d'eux n'y a rien vu de plus à l'égard du vol, que ce qu'il y avoit exprimé.

Les moyens dont M. de Guſman s'étoit ſervi pour enlever le panier d'oſier, ſont entièrement inconnus, & ſon anecdote ne donne lieu qu'à des conjectures vagues & incertaines. On doit ſe diſpenſer d'en faire, lorſqu'il ne reſte aucune reſſource pour s'aſſurer ſi l'on rencontre le vrai.

Cyrano a répandu l'ironie à pleines mains ſur la plupart des ſyſtêmes connus de ſon tems. Il s'attachoit ſur-tout à déprimer par ſes railleries piquantes les faux ſavans & les pédans, & à atténuer les erreurs auxquelles le vulgaire étoit livré; ce que j'ai extrait de lui ſur le vol, en eſt un témoignage non équivoque. Les fioles de roſée, la machine à rouages, les fuſées, les grands vaſes ſcellés hermétiquement, la cage de fer avec ſa boule d'aimant, le condor, avoient été propoſés ſérieuſement; la puiſſance du démon, la moëlle de bœuf, &c. ridiculiſoient la crédulité du peuple ſur l'exiſtence des ſorciers & des fauſſes influences de la lune. Cependant l'imagination de Cyrano a le preſſentiment que ces moyens puérils ou inefficaces, ont beſoin d'un agent; il s'efforce de leur donner une teinte de vraiſemblance.

Pour cet effet, lorſqu'il parle de ce perſonnage

qui s'eſt fait enlever par deux vaſes, il dit d'abord, *qu'après avoir obſervé....* &c. Cette réticence adroite décèle ſon embarras ſur l'eſpèce d'agent qu'il doit donner à ces vaſes. Il ajoute enſuite qu'ils étoient pouſſés par la fumée. On remarque par-là qu'il prévoyoit l'utilité des effets du feu, mais qu'il ne ſavoit pas preſcrire de quelle manière ſon emploi pourroit être praticable. Le moyen dont Cyrano fait enſuite uſage pour faire le voyage du ſoleil, eſt encore bien plus ingénieux. Quelqu'abſurde, quelque mal combiné qu'il ſoit, quelqu'écart de la raiſon qu'on y obſerve, on conviendra aiſément qu'il eſt fondé ſur une excellente théorie, celle de la raréfaction. Cette raréfaction y eſt continue, & le principe qui la produit ne ſe rallentit point. C'eſt à la conſidération particulière de ce principe actif par lui-même, qu'il faut avoir égard ſeulement, pour ſe convaincre que Cyrano avoit été plus loin que ceux qui l'avoient précédé & qui l'ont ſuivi, juſqu'au jour auquel l'efficacité & l'uſage de ce principe ont été démontrés par la plus belle application & par les expériences les plus ſurprenantes. J'ajoute de plus, afin qu'on n'ait pas de fauſſes idées du motif qui m'a engagé d'inſiſter ſur l'eſpèce de théorie de Cyrano, que M. Etienne de Montgolfier m'a fort recommandé cet auteur ſingulier. N'oubliez pas d'en parler, m'a-t-il dit pluſieurs fois, c'eſt celui qui a vu le mieux.

Borelli avoit rapporté dans ſa Propoſition 71, une expérience de Candide Buono, florentin, qui démontre la raréfaction de l'air par la chaleur. Servez-vous d'une balance d'eſſai, ſemblable à celles des marchands de diamans & des eſſaieurs des monoies. Lorſque les deux coupes ſeront dans un équilibre parfait, approchez de l'une d'elles un fer très-chaud, l'autre coupe baiſſera auſſi-tôt.

Robert Boyle a fort étendu les connoiſſances de ſon ſiècle ſur la théorie de l'air. Dans ſes nouvelles Expériences Phyſico-mécaniques, imprimées chez Leers, 1669, pag. 41 & 42, on lit celle-ci : Prenez une veſſie d'agneau, mettez-la dans le récipient de la pompe pneumatique, après l'avoir bien fermée, y ayant laiſſé en dedans une partie d'air. Extrayez l'air du récipient, la veſſie ſe gonflera. Ouvrez alors le récipient; au moment où l'air extérieur y ſera rentré, la veſſie s'élevera & ſe ſoutiendra élevée juſqu'à ce que l'air environnant l'ait comprimée. Elle pourra même enlever avec elle des poids légers. Cette expérience a été répétée & copiée par un grand nombre de phyſiciens. Frédéric Hoffman a ajouté un petit morceau de plomb à la veſſie, & elle l'a également emporté.

M. Prieſtley a ouvert une nouvelle carrière ſur les différentes eſpèces d'air qui s'exploite de jour en jour, avec addition des plus heureux ſuccès. Ainſi, les ſecrets de la nature ſe développent peu à peu, & le zèle, joint à l'habileté des ſavans qui s'exercent dans cette partie ſi intéreſſante de la phyſique, donne les eſpérances les plus flatteuſes de l'agrandiſſement de nos connoiſſances. Les peſanteurs ſpécifiques des airs divers que la chimie eſt parvenue à extraire de pluſieurs corps dans les différens règnes, ont offert des ſecours efficaces pour l'art de l'élévation des corps graves. Ces ſecours ont d'abord été à peine entrevus. On a commencé par former des bulles de ſavon avec l'air inflammable. Elles ſe ſont élevées en éclatant dans l'air avec fracas. M. Cavallo a eſſayé enſuite de remplir des veſſies avec cet air inflammable; mais cette enveloppe étoit trop peſante, elles ſont reſtées à terre, & il ceſſa ce genre de travail.

Tel étoit l'état où la ſcience ſe trouvoit, lorſque MM. Etienne & Joſeph de Montgolfier ont conçu leur projet & commencé leurs eſſais. L'inutilité de ceux qui avoient précédé ne les ont point rebutés; toutes les difficultés ſe ſont heu- PRINCIPES DE LA DÉCOUVERTE.

reuſement évanouies entre leurs mains. Je vais ſuivre pas à pas le détail très-inſtructif de leurs travaux.

FUSÉE ET POMPE A FEU.

Les premiers objets qui ſe préſentèrent à leurs regards, & qui les confirmèrent dans leur deſſein, en leur ôtant la crainte que la foibleſſe des forces propres de l'homme inſpire, furent la fuſée d'artifice & la pompe à feu. L'une & l'autre procurent une puiſſance bien ſupérieure à celle de nos forces propres ; l'une & l'autre agiſſent par le feu. Les propriétés du feu ſont de s'élever, de chauffer, raréfier, brûler, conſumer, calciner ou diſſoudre les corps auxquels il s'attache, ou qui l'environnent. Il en liquéfie d'autres, tels que les métaux. La raréfaction que le feu produit eſt plus ou moins forte, en raiſon de l'intenſité de ſa chaleur. La raréfaction cauſe la légèreté, & l'élévation eſt une conſéquence du rapport des peſanteurs, entre celle ſpécifique du corps léger, & celle du milieu plus denſe dans lequel il s'élève.

Tous ces principes étoient connus. Il s'agiſſoit d'en faire une bonne application, car elle n'avoit point pu auparavant être ni trouvée, ni pratiquée. Une ſuite de réflexions ſimples, & des raiſonnemens lumineux, vont conduire MM. de Montgolfier à leur but. C'eſt dans l'air que l'élévation ſe fait ; il faut donc qu'ils ſe procurent un corps plus léger que l'air.

Ce corps nouveau, plus léger que l'air, ſera l'air même raréfié. La raréfaction s'opérera par le feu. On en jouira au moyen d'une enveloppe. En faiſant cette enveloppe ſolide, ſon poids nuiroit au ſuccès. Quoique ſouple & flexible, elle pourra contenir l'air raréfié & le ſoutenir contre la preſſion de l'air extérieur, parce que, dans cet état de raréfaction, ſa dilatation aura une force ſuffiſante d'expanſion pour combattre la compreſſion.

RARÉFACTION PAR LE FEU.

L'idée de l'enveloppe apporte quelque changement à la ſuite directe de ces raiſonnemens. On connoît des airs plus légers que l'air commun. La chimie en procure la jouiſſance. Il étoit naturel d'en faire, avant tout, l'eſſai. Il ne s'agiſſoit donc plus que de combiner le poids de l'enveloppe joint à celui du gaz qui y ſeroit renfermé, avec le poids de l'air extérieur que l'enveloppe gonflée déplaceroit. M. Joſeph de Montgolfier réaliſa heureuſement cette idée à Avignon en 1782. Il ſe ſervit d'abord d'un ſac de taffetas rempli d'air inflammable ; il en répéta l'eſſai avec des ſacs de papier ; mais ces matières étoient trop perméables, le gaz paſſoit à travers, & les ſacs ne tardoient pas de retomber.

AIR INFLAMMABLE.

Ce moyen demandoit donc d'être perfectionné, & cela n'étoit pas difficile. Il s'agissoit de remédier à la perméabilité de l'enveloppe. Plusieurs considérations détournèrent MM. de Montgolfier de s'appliquer à ce travail. Le calcul du prix des machines construites sur cette théorie, les effraya. La courte durée de leur usage vint à l'appui, & la complication des opérations acheva de les décider à suspendre ce moyen. Ils réfléchirent sans doute avec Borelli, que la nature opère toujours par la voie la plus courte avec une sévère économie, & qu'elle rejette la prolixité & la multiplicité des causes, en produisant ses effets par des moyens simples & faciles.

VAPEURS AQUEUSES. Il fallut donc revenir en arrière ; au feu & à l'enveloppe. Qu'y insérera-t-on ? La nature interrogée indiqua l'eau pour réponse ; cette eau qui crée & qui forme les nuages. Elle s'élève en globules infiniment déliées. Le fluide igné ou électrique s'introduit tout à la fois au centre de ces globules & les entoure, il cause leur légèreté, les élève & les soutient. (Hypothèse de M. de Saussure.) Quelques succès heureux font naître de grandes espérances ; mais une réflexion arrête & suspend l'exercice de ce moyen. Il s'agit d'élévation dans les airs. Pour y réussir par le secours du fluide électrique, il est nécessaire de se conserver

conſerver une communication avec ſon grand réſervoir, la terre, afin de pouvoir le renouveller à volonté & au beſoin. La difficulté eſt grande, mais il eſt vraiſemblable qu'elle n'eſt pas inſurmontable. En attendant qu'elle pût être vaincue, MM. de Montgolfier prirent le parti de retourner ſur leurs pas.

Emploi du feu.

Ils ſe réduiſirent au ſeul emploi du feu dans des enveloppes de papier, ou de toiles doublées de papier. Ils ont fait le feu avec la paille, le bois de ſarment ou d'autres eſpèces; ils y ont ajouté des mêlanges de laine ou d'autres matières; ils y ont fait des injections d'eau. Toutes ces méthodes ont fourni à-peu-près les mêmes réſultats, relativement aux poids des matériaux. L'emploi des graiſſes, des huiles, des bitumes, &c. diminue ſingulièrement ces poids, & produit de très-grands effets. Le papier imbibé d'huile a réuſſi au mieux, & il a été préſumé que le feu cauſé par une livre de cette préparation, étoit égal à celui de dix livres de bois ou de paille. Les effets du feu de l'eſprit-de-vin ont été encore plus marqués. Il ne réſulte cependant juſqu'à préſent rien d'aſſez précis de toutes les expériences faites ſur la nature des combuſtibles. Le ſeul point eſſentiel à-peu-près déterminé, eſt que le feu pouſſé au point d'exciter

& de maintenir la chaleur à 50 degrés du thermomètre de Réaumur, produit une raréfaction ou de $\frac{5}{16}$, ou de $\frac{1}{3}$ environ de légéreté dans l'air contenu par l'Aérostat, & que l'on peut soutenir aisément cette chaleur à 55 degrés.

DÉCOUVERTE CONCLUE.

MM. de Montgolfier ont donc expliqué & résolu ainsi, d'une manière évidente & très-satisfaisante, le problême de l'élévation spontanée des corps graves dans les airs, inconnue auparavant aux hommes, qui leur en doivent une reconnoissance éternelle; mais sans diminuer en rien la gloire qu'ils ont acquise à un titre aussi brillant que légitime, on conviendra qu'il reste beaucoup à faire, à étudier & à travailler pour jouir des fruits précieux, & des avantages insignes qu'on peut se promettre de cette découverte, si long-tems inespérée. Les objets les plus essentiels à établir préliminairement me paroissent être;

PLAN D'ÉTUDE.

1°. De reconnoître par la nature & la combinaison des matières combustibles, celles qui, sans trop augmenter la dépense, produiront des effets égaux à ceux qui sont requis, en ayant la moindre pesanteur possible.

2°. De déterminer la quantité précise & nécessaire de ces combustibles, & leur durée, en ayant égard aux différentes capacités des Aérostats.

3°. Le navigateur aérien devra acquérir l'art du feu, à un point de perfection tel, qu'il en ſoit le maître pour ſe ſoutenir fixe à la hauteur néceſſaire, l'outre-paſſer, s'abaiſſer ſuivant ſes beſoins, & l'éteindre à volonté.

4°. Déterminer la forme des Aéroſtats la plus favorable à l'action du feu, de manière que la chaleur ſe porte auſſi également qu'il ſera poſſible à ſes extrêmités, pour y réſiſter au refroidiſſement qu'elle y éprouve.

5°. Avoir égard dans cette forme à celle que la réſiſtance de l'air exige, afin que l'Aéroſtat éprouve en cheminant la plus foible oppoſition poſſible de cette réſiſtance, en lui préſentant la ſurface la plus propre à l'éviter, autant que l'action du feu le permettra.

6°. Comme toute forme différente de celle d'un ſphéroïde allongé paroît ne pas s'accorder avec l'action du feu, & que celle du diamètre reſſerré au milieu de l'Aéroſtat, & prolongé d'une extrêmité latérale à l'autre, paroît plus favorable pour ſa courſe, on pourra concilier cette contradiction, en établiſſant deux réchauds ou plus, au lieu d'un ſeul; mais on n'y réuſſira qu'au moyen d'un cadre ſolide. Il faudra donc étudier la manière de conſtruire ce cadre léger & ſolide, conformément aux loix de la combuſtion.

On a éprouvé à Milan, que le cadre nuifoit à la raréfaction. C'eft un obftacle à vaincre. Il eft apparent que la caufe de cet effet confifte en ce que l'Aéroftat étant développé rempli d'air, la chaleur du feu n'y agit pas avec affez de force pour fe répandre & fe communiquer par-tout dans une quantité fuffifante qui convertiffe le premier air. Cette chaleur fe porte du bas en haut. Dans cette action, le premier air doit être refoulé contre la circonférence du haut en bas. Ne conviendroit-il pas de faciliter & d'accélérer fa fortie par des trous pratiqués depuis l'équateur jufqu'au bas, de diftance à autre ? Ces trous ne feroient-ils pas très-utiles pour débarraffer l'Aéroftat enfuite des produits de la combuftion plus pefans que l'air ?

7°. L'affaiffement fubit de l'enveloppe après la chûte, l'expofe à prendre feu. Elle devroit être toujours enduite de terre d'alun ou d'autres fels. Le cadre pareroit mieux à ce danger. On y obvieroit à fon défaut, ou par un demi-cadre qui s'élèveroit jufqu'à l'équateur, ou en plaçant autour de l'équateur 6 ou 8 anneaux, ayant fur la galerie 6 ou 8 perches avec un rebord à un pied de leur bout, pour y arrêter les anneaux au moment de la chûte. On aura encore l'attention de fe pourvoir d'eau pour la jetter fur le réchaud.

8°. Les variations qui furviennent dans l'état

de l'air atmoſphérique, en produiſent de très-ſenſibles dans l'action & les effets du feu. Ces variations doivent être étudiées & décrites avec une attention ſcrupuleuſe, pour en former une échelle de corrections dans les rapports de la chaleur, de la peſanteur, de la ſéchereſſe ou de l'humidité de l'air libre.

J'aurois encore beaucoup de choſes à ajouter ſur les objets qui doivent concourir à la perfection des Aéroſtats, mais je me ſuis preſcrit des limites, & je m'arrête, pour paſſer à ce qui concerne leur direction. Cette direction eſt abſolument néceſſaire pour bien jouir des utilités qu'on eſpère en retirer. On convient très-généralement qu'elle n'eſt pas poſſible contre un grand vent, ni contre un vent moyen, & très-difficile même contre un vent foible, par la voie de la déviation. Il ne faut en effet point préſumer d'y réuſſir mieux que dans la navigation ſur l'eau, & ce ſera même beaucoup ſi l'on peut y atteindre à une égalité ; en exceptant toutefois le cas d'un vent entièrement favorable, où les Aéroſtats auront un grand avantage ſur les vaiſſeaux, puiſqu'ils n'auront aucun arrêt qui puiſſe retarder leur vîteſſe égale à celle du vent, & que, ſi on a quelques moyens à y ajouter, ils ſurpaſſeront même cette vîteſſe.

ART DE LA DIRECTION.

Les moyens de direction entrevus se rangent sous cinq classes ; 1°. les forces de l'homme appliquées aux rames ou à d'autres espèces de leviers simples ; 2°. ces forces appliquées à diverses espèces de machines ; 3°. des machines agissant par elles-mêmes ; 4°. les moyens purement physiques ; 5°. les moyens physico-mécaniques.

M. Etienne de Montgolfier a traité le problème des rames rigoureusement avec beaucoup de sagacité, dans un mémoire remis à l'académie royale des sciences ; il y démontre qu'un Aérostat de 70 pieds de diamètre, conduit par deux rameurs, ayant chacun une rame de 100 pieds quarrés de surface, n'auroit tout au plus que 1112 toises de vîtesse par heure, & qu'un Aérostat de 26 pieds de diamètre, rempli d'air inflammable, conduit par deux rameurs avec deux rames de 49 pieds de surface chacune, parcourroit également 2516 toises dans la même heure. Ces produits sont peu satisfaisans. On en aura d'un peu meilleurs, en réformant la construction des Aérostats, pour diminuer la partie choquante de leur surface qui éprouve la résistance de l'air. Ainsi un Aérostat de 40 pieds en hauteur & largeur, & de 100 pieds en longueur, mis en mouvement par deux rames de 49 pieds quarrés de surface, parcourroit 1383 toises en une heure par un air calme, & 1507 toiſes avec deux rames de 100 pieds. Cette petite augmentation dans le produit de plus grandes rames, ne contrebalance pas les riſques de rupture auxquels elles ſeroient expoſées, ni les plus grands embarras que leur maniement occaſionneroit. En général cette théorie des rames ne donne pas de grandes eſpérances.

Les forces de l'homme appliquées aux mécaniques, préſentent pluſieurs autres reſſources, qui toutes cependant ſeront analogues aux rames. Il s'agira toujours de leviers variés. Ces variations ſe multiplient au gré de l'imagination.

M. Palmer a fait le modèle d'une roue qu'un homme mettroit en mouvement par une manivelle. Elle porte quatre aîles ou rames, dont chacune frappe l'air dans l'eſpace d'un quart de cercle, où elle trouve un échappement qui la fait lâcher. Elles ſe ſuccèdent ainſi, de manière qu'il y en a toujours une en action.

M. Vallet, directeur de la manufacture des acides de Javelle, a fait conſtruire une autre roue placée ſur un bateau. Son mouvement eſt produit comme celui de la précédente. Elle eſt compoſée de plans inclinés, qui frappent l'air ſans interruption, & procurent la vîteſſe. J'ai paſſé & repaſſé la Seine ſur ce bateau qui nous portoit douze. La vîteſſe du courant étoit au-deſſus de la moyenne, car la rivière marquoit 10 pieds de hauteur ſous le Pont-Royal. Il faiſoit un air de vent variable, mais contraire. Notre trajet & retour fut de huit minutes & demie, tandis qu'un autre bateau à deux rames, chargé de cinq hommes, y employa dans le même tems dix minutes. La théorie de cette roue eſt fort bonne; mais il manque beaucoup à la perfection de ſa conſtruction, qui a été très-négligée. Ses frottemens ſont durs, & elle diffère en tout très-fort de l'état où M. Vallet a deſſein de la mettre pour en faire l'eſſai ſur un Aéroſtat.

M. Campmas a fait au château des Tuileries l'expérience d'une roue à-peu-près ſemblable. Il a annoncé qu'il la placeroit ſur un Aéroſtat *organiſé* par les vapeurs aqueuſes. Il a oublié d'expliquer de quelle manière il empêcheroit la condenſation de ces vapeurs. On le comblera d'éloges, s'il réuſſit à lever cet obſtacle.

Les mécaniques offrent ſeules & ſans aucun autre agent, l'uſage du plan incliné. Sa conſtruction & la manière de le bien placer ſur l'Aéroſtat, ne ſont pas aiſées. Sa grandeur devra y être proportionnée; ſa forte conſiſtance & ſa légéreté ſont également requiſes. On pourra calculer ſes effets ſelon qu'on réuſſira à remplir ces conditions. Ils ſeront une conſéquence de l'action variée du feu, qui devra alternativement faire élever & abaiſſer l'Aéroſtat, en inclinant le plan ſous un angle de 20 degrés au-deſſus du niveau en montant, & de 10 à 12 degrés au-deſſous du niveau en deſcendant. M. Smeathman, anglois, célèbre par ſes voyages & ſes obſervations en Amérique & en Afrique, a fait un mémoire ſur la direction, que M. Thornton, ancien préſident de la ſociété d'hiſtoire naturelle d'Ecoſſe, &c. a commenté & amplifié. Il ſera publié inceſſamment. Le vol des oiſeaux, la natation des poiſſons & la chûte des corps graves dans l'air, y ſont diſcutés. Il y eſt conclu que la forme ſphérique qui décrit toujours en tombant une ligne verticale, ne ſauroit convenir aux Aéroſtats, & que leur forme doit être aplatie, qu'il faut leur adapter un grand plan incliné, deux grandes aîles, une double queue ſe coupant à angles droits, ſervant de gouvernail, & faire uſage pour le feu, de trois ou quatre groſſes lampes, telles qu'elles ont déjà été propoſées par M. le comte de Milly, ou pour le gas inflammable, un gros Ballon ſous la forme d'un gros poiſſon.

Les moyens de direction purement phyſiques ſe diviſent en deux claſſes; 1°. les extérieurs,

2°. les intérieurs. Les premiers exiſtent dans les airs, & les ſeconds dans l'Aéroſtat. Les premiers exigent une étude profonde & ſuivie ſans relâche, des courans divers qui parcourent des routes variées dans les différentes régions de l'air. Quelques-uns de ces courans paroiſſent procéder de la preſſion de la lune ſur l'atmoſphère. D'autres ont pour origine les effets divers de l'action des rayons du ſoleil, & de leur répercuſſion ſur la terre, ſuivant ſes aſpects & l'état de ſon ſol, ſuivant les différentes parties du jour, ſuivant les changemens de climats, ſuivant leurs variations diurnales, & ſuivant la nature des évaporations qui entrent dans la compoſition de l'air, ou qui s'y aſſimilent.

Une raréfaction plus ou moins forte, ou une condenſation, détruiſent beaucoup ou peu l'équilibre de l'air. Il faut abſolument que le rétabliſſement de cet équilibre ſe faſſe, & il s'opère, ſoit d'une manière tempérée, ſoit d'une manière violente.

Un ouragan n'eſt fort & deſtructeur que par une néceſſité indiſpenſable. Il eſt ſurmonté par un courant en direction oppoſée, celui-ci par un troiſième, &c. On ne pourra s'en ſervir utilement que, lorſqu'on les connoîtra bien, en s'élevant ou s'abaiſſant pour profiter de celui qui ſuivra la route qui ſera requiſe. Si l'on en découvre qui ſoient régulièrement aliſés, ainſi qu'on le ſoupçonne, leur ſecours ſera très-précieux.

Les moyens phyſiques concentrés dans l'Aéroſtat, conſiſtent à pouvoir donner à quelque partie de ſa ſuperficie, une extenſion plus forte que n'aura celle de ſon côté oppoſé. Cette extenſion produira un mouvement qui emportera l'Aéroſtat dans la route qu'il conviendra de lui faire tenir. M. Joſeph de Montgolfier, qui a conçu cette idée, croit qu'on pourra la réaliſer, en faiſant une ou pluſieurs ouvertures à l'un des côtés de l'Aéroſtat, qui établiroit une communication entre l'air environnant & l'air renfermé ; que de leur contact il en réſulteroit un relâchement dans cette partie de l'enveloppe, tandis que ſa partie oppoſée ſeroit très-gonflée. Ces préſomptions méritent d'être ſoumiſes à des expériences réitérées & variées, quand même on n'en retireroit pas d'abord les effets eſpérés. On les ſecondera peut-être par l'art du feu & de ſon entretien, par une direction méthodique de l'air introduit ſous le réchaud, ou par quelqu'autre moyen intérieur de projection.

L'étude des moyens phyſiques pour la direction, dépend particulièrement de la connoiſſance du principe actif qui produit l'élévation par ſes effets. L'examen attentif & fcrupuleux de cette caufe & de la fuite de fes effets, peut conduire à la découverte de ces moyens par une voie direĉte. Les phyficiens ont varié & varient encore fur ce principe. Il a été d'abord attribué à la raréfaĉtion de l'air par le feu, comme il étoit très-naturel de le préfumer. Au lieu de fe borner à l'apprécier par le calcul de la légèreté, foit de la force démontrée des Aéroftats, on a voulu s'en convaincre en extrayant de l'air renfermé dans l'Aéroftat ; & en le pefant, on l'a trouvé plus lourd que l'air de l'atmofphère. Il en eft dérivé des opinions fantaftiques & dignes d'être rejettées.

J'obferve d'abord que cette vérification de l'air concentré, n'eft pas bien réfléchie. On a obtenu par elle la mefure du poids, mais celle de l'étendue a été ignorée. Par la dilatation, la matière pefée occupoit dans l'Aéroftat un grand efpace, &, par fa condenfation, cette matière hors de l'Aéroftat, n'occupoit plus qu'un efpace infiniment moindre. J'obferve enfuite qu'il n'eft pas douteux que le feu, en décompofant les corps foumis à fon aĉtion, ne développe, en matières aériformes, plufieurs efpèces plus pefantes que l'air commun. Ces efpèces font élevées d'abord par l'excès de la fermentation ; &, dès que cette fermentation diminue, elles retombent. Il eſt bien aiſé de s'en convaincre, en ſe bornant à jetter un coup-d'œil ſur nos cheminées. La flamme la plus pure d'abord ne laiſſe appercevoir que des réſidus très-tranſparens, mais une partie ceſſe bientôt de l'être, & ſe dépoſe contre les parois de la cheminée où elle devient ſuie ; une partie en ſort ſous la forme opaque de fumée, & retombe peu à peu ſur la terre ; mais la partie plus conſidérable du développement eſt inviſible, elle eſt réellement bien plus légère que l'air qui l'entoure.

Je ſuppoſe enfin que la plus grande chaleur du feu, ſoit de 225 degrés. Son action y correſpond dans le centre de l'Aéroſtat, depuis le foyer du bas en haut directement, & du centre à la circonférence indirectement, en diminuant progreſſivement en ſe rapprochant du lieu où elle eſt fortement combattue, & enfin anéantie. Tous les réſidus peſans doivent y être jetés.

L'action du feu doit donc être conſidérée & évaluée dans ſon enſemble & non pas partiellement. Cette action eſt très-puiſſante dans le centre de l'Aéroſtat. Son effet principal conſiſte dans un écart, au loin, de l'air. La place occupée d'abord par l'air, eſt, au moment de l'écart, rétablie ſans aucun retard, par un fluide infiniment ſubtil, dont la peſanteur eſt inſenſible.

L'abondance ou la rareté de ce fluide détermine le degré de légéreté de l'Aérostat.

L'action du feu est la même pour la fusée que pour l'Aérostat, avec cette différence d'effet, que le feu de la fusée crée autour d'elle une atmosphère du fluide très-subtil, & que le feu de l'Aérostat attire ce fluide dans son centre.

La chaleur ne doit pas être considérée comme une cause, mais comme un effet. Elle sert à indiquer le degré d'intensité du feu.

J'ai dit que la pesanteur du fluide très-subtil étoit insensible. Son existence est très-reconnue sous diverses dénominations ; celles de feu élémentaire, de fluide igné, de fluide électrique, d'agent universel, &c. Nous concevrons en effet sa légéreté insigne, en démontrant son existence dans la plus forte évaporation de l'eau. M. Desaguilliers a reconnu par une suite d'expériences, que la pesanteur de ces vapeurs aqueuses étoit à celle de l'eau, comme 1 à 14000. La pesanteur de l'eau dans son terme moyen, entre l'eau de pluie & celle de rivière, est de 70 livres le pied cube, ou de 645120 grains. Je divise ces grains par 14000, & le quotient 46,08 indique que le poids du pied cube de la vapeur aqueuse très-raréfiée, est de 46 grains —. L'eau y réside. Sa pesanteur est connue. Elle y est mêlée au fluide, dans le rapport de 1 à 14000. Il paroît à-peu-près évident, que le rapport de la peſanteur du fluide y eſt la $\frac{1}{14000}$ partie de celle de l'eau. Elle ſeroit donc moins que $\frac{1}{500}$ de grain. Conſidérons cependant ſa force. Elle ſoutient l'eau contre la violente compreſſion de l'air, quoique 800 fois plus léger, en s'incorporant dans elle, & lui ſervant d'atmoſphère ou d'enduit; & quels autres effets cette force ne produit-elle pas! L'exiſtence de ce fluide eſt preſque incompréhenſible. On le trouve par-tout; il réſide dans les corps les plus peſans, & il paſſe delà à un état de légéreté extrême. Il eſt donc extrême dans ſa condenſation, & extrême dans ſa raréfaction; il paroît au moins être tel à notre foible intelligence.

Je me permets de faire ici une très-courte digreſſion pour obſerver qu'en ſuppoſant que l'atmoſphère s'étende juſqu'à la rencontre totale de ce fluide (univerſel) très-ſubtil, ſa hauteur ſeroit d'environ 21 $\frac{1}{4}$ lieues de 2260 toiſes. C'eſt le plus grand terme qu'on lui ait préſumé.

M. le marquis d'Arlandes qui a fait les arrangemens néceſſaires pour le premier voyage aérien de la Muette, & qui l'a exécuté avec M. Pilatre de Rozier, s'eſt beaucoup occupé de la recherche des cauſes de l'élévation. Cet amateur zélé des ſciences a fait un très-grand nombre d'expériences avec de petits Aéroſtats, qui l'ont conduit à conclure ;

1°. Que la cauſe principale de l'élévation eſt dans la légéreté acquiſe par la raréfaction & la dilatation de l'air introduit dans l'Aéroſtat.

2°. Que cet air, après avoir traverſé le feu, forme enſuite divers courans très-diſtincts & très-puiſſans d'action.

3°. Qu'il n'eſt point néceſſaire que l'enveloppe de l'Aéroſtat ſoit imperméable, & qu'il l'eſt au contraire d'y pratiquer quelques ouvertures, même au ſommet ; que cette précaution tend à provoquer une forte augmentation dans la vîteſſe des courans.

4°. Et enfin, qu'on peut eſpérer d'obtenir un bon ſuccès de ce moyen de direction indiqué par M. Joſeph de Montgolfier, indépendamment des courans de l'atmoſphère, qu'il avoit remarqué & reſſenti corporellement le premier, dans ſon voyage aérien.

M. d'Arlandes a obtenu dans quelques-unes de ſes expériences, une vîteſſe à ſon Aéroſtat de 9 & de 10 pieds par ſeconde, ce qui fait environ 2 ½ lieues par heure.

Il vient de faire conſtruire un Aéroſtat de toile doublée de papier collé, de 20 pieds de diamè-

tre.

tre, pour continuer ſes expériences plus en grand. J'en eſpère d'heureux ſuccès, au moins en bonne partie, eſtimant particulièrement avec lui, que les communications établies d'une manière modérée & bien raiſonnée entre l'air concentré & l'air extérieur, ſerviront à entretenir & à maintenir l'action vigoureuſe du feu, en purgeant l'intérieur, des émanations de la combuſtion trop peſantes & fétides, & en s'oppoſant à leur condenſation.

M. Joſeph de Montgolfier a prévenu dans un Diſcours à l'académie de Lyon, qu'il entrevoyoit encore un autre moyen, mais qu'il n'oſoit pas l'expoſer, ſans l'avoir auparavant médité, approfondi & calculé dans le ſilence de la ſolitude.

Les moyens phyſico-mécaniques ſont ceux où les uns ſeront combinés avec les autres, pour s'entr'aider mutuellement & accroître la vîteſſe par le concours réuni de leurs effets réciproques.

Lorſque l'on ſera parvenu à acquérir une vîteſſe de 6 lieues par heure, cette vîteſſe formera une réſiſtance ſuffiſante & directe à un vent modéré. Alors on aura par cette réſiſtance le point d'appui ſi néceſſaire pour louvoyer, & la promptitude de la navigation aérienne ſurpaſſera & triplera celle de la maritime. On pourra même s'y ſervir de l'uſage d'une voile pour pincer le vent & décrire contre lui un plus grand cercle dans les airs que ſur les eaux.

Je le ſais, & je l'ai déjà dit, les difficultés ſont grandes, & de bien de différens genres, mais le nombre des vrais coopérateurs s'accroît. Je compte avec plaiſir, parmi eux, M. de Meunier, de l'académie des ſciences. MM. Etienne & Joſeph de Montgolfier vont être réunis. Le premier a emporté avec lui le bel Aéroſtat qu'il a fait conſtruire aux frais du roi, afin de continuer les dernières expériences qu'il avoit commencées au fauxbourg S. Antoine. Ils pourront avec cet inſtrument donner de la réalité à leurs idées. Elles ſont grandes, & ils l'ont bien prouvé. Que ne doit-on pas eſpérer de leurs efforts réunis ? L'emploi de leur loiſir ſera ſans doute appliqué à perfectionner l'objet qui a rendu leurs noms ſi célèbres, & qui a orné leurs têtes d'une couronne immortelle.

Jetons un coup-d'œil rapide ſur les avantages qui réſulteront de l'Aéroſtat perfectionné.

Le phyſicien obſervateur & ſcrutateur de la nature, voit la matière ſe transformer dans de nouveaux corps, y vieillir, s'évaporer, & s'unir à l'air, y produire un nouveau chaos, y reprendre de nouvelles forces, y cauſer des effets variés & retourner à la terre dont elle s'étoit ſéparée. Il pourra dorénavant conſulter dans le ſein même des airs leur être & la nature de leur mêlange ; il pourra pénétrer les cauſes de tant de phénomènes produits par les vapeurs, de ces brouillards & de ces météores ſinguliers qui ont effrayé ſi ſouvent le vulgaire ; il réformera les erreurs d'optique par la connoiſſance réelle des faits qui les occaſionnent. Il a réuſſi à ſonder les abîmes de la terre & des eaux; il eſt parvenu à éloigner la foudre de ſon habitation; il a déjà entrevu l'origine de la grêle; les limites de ſon pouvoir vont être agrandies. Son eſpoir, en s'élevant dans les airs, ſera de parvenir à empêcher la formation de ces fléaux, & d'étendre la ſcience même au-delà des efforts préſens de l'imagination. Les vents, les courans divers qui parcourent les airs, ces flux & reflux qui les agitent, leur liaiſon avec le ſyſtême général, tout occupe ſes penſées. L'ame enflammée, il va ſe livrer aux travaux qui perfectionneront l'inſtrument admirable qui lui eſt offert, & le jour du ſuccès tarde à ſon impatience.

L'aſtronome qui conſomme ſi utilement ſes veilles à obſerver & à décrire les mouvemens des aſtres, qui y puiſe ces règles ſi néceſſaires aux navigateurs, qui aſſigne les révolutions de l'univers dans l'immenſité des ſiècles, obtiendroit une précision parfaite dans ses calculs, si l'opacité des vapeurs ne traçoit très-souvent une barrière insurmontable entre le ciel & lui, dans les momens les plus précieux, &c, s'il n'avoit toujours à ressentir plus ou moins les effets variés des réfractions atmosphériques. Ces obstaces, si grands, sont levés & anéantis par l'Aérostat.

L'astronome ne sera donc plus obligé de suspendre ses travaux, ou d'avoir recours aux corrections & aux approximations; avec quelle ardeur ne doit-il pas désirer la perfection du moyen de s'élever en véritable maître, au-dessus de ces vapeurs qui s'opposoient au succès complet de ses sublimes recherches? Parvenu à 3000 toises de hauteur, il est très-apparent qu'il n'aura plus à subir aucune variation dans les réfractions qui resteront à évaluer avec une grande facilité.

Ce navigateur hardi, digne émule de Bougainville & de Coock, qui, moissonnant la gloire par le mépris des plus grands dangers, parcourt les mers pour y découvrir des terres & des peuples nouveaux, des routes inconnues, des passages plus prompts & plus sûrs; qui s'approche, autant qu'il le peut, de l'un & de l'autre pole, est très-souvent exposé à des incertitudes très-inquiétantes: un détroit se présente, & il ignore où il le conduira. Il s'approche d'une terre dont les bords hérissés ne lui présentent que des écueils : où trouvera-t-il un port, une anse abordable ? Un Aérostat en l'élevant, lui aggrandira l'horison & sera son guide. Avec quelle reconnoissance n'usera-t-il pas de son secours ? Il auroit préservé un grand nombre de ces hommes généreux perdus dans les flots. Combien n'a-t-on pas fait de tentatives vaines & fatales pour pénétrer dans les mers du Japon & du Sud par le nord de l'Asie, ou par la baie d'Hudson ! On pourra à l'avenir les rendre fructueuses, ou l'impossibilité en sera démontrée. On acquiert beaucoup en s'éclairant assez pour renoncer même à des projets que trois siècles ont vu échouer.

Le voyageur infatigable, qui, après avoir visité les nations policées, veut connoître encore les barbares ; qui, en étudiant la nature & l'homme dans tous ses aspects, aggrandit le cercle de nos connoissances, & nous enrichit de fruits & de plantes salutaires, court souvent les plus grands dangers. Les secours que l'Aérostat lui offre, vont les lui tous applanir. Nouvel Abaris, il traversera par les airs les déserts de sables brûlans, les chaînes de montagnes inaccessibles, les forêts impénétrables & les torrens impratica-bles.

Un guerrier ſe renferme dans une place dont la défenſe lui eſt confiée. Animé d'un noble courage, conſommé dans ſon art, inébranlable & inacceſſible à la crainte, il mépriſe & repouſſe les efforts de la plus vive attaque; mais un ennemi, plus puiſſant & impérieux, l'obsède; le beſoin; ſes proviſions, ſes munitions tariſſent; toutes les avenues, tous les paſſages ſur la terre lui ſont fermés: ci-devant réduit à de telles extrêmités, il frémiſſoit de rage, il s'abandonnoit aux murmures; aujourd'hui un Aéroſtat inſtruira au loin de ſa ſituation, un Aéroſtat lui ramenera l'abondance. Si vous en euſſiez joui, illuſtres & immortels Saguntins, dignes amans de la liberté, votre ſang n'auroit pas été répandu inutilement ſur vos murs, & vos cendres auguſtes ne reprocheroient pas encore, & à toujours, à vos fiers aggreſſeurs, leur énorme attentat.

Le général d'armée, étudiant ſans relâche les mouvemens de l'ennemi, ſe confie à de vils eſpions, qui ſouvent l'abuſent & le trompent. L'amiral, le commandant d'une eſcadre, obligé au même devoir, emploie des fregates, des bâtimens légers pour la découverte, & ſouvent ils ſont pris ou écartés. Un convoi deſtiné à porter au loin des ſecours néceſſaires, eſt ſurveillé; l'incertitude inquiétante eſt attachée au choix des routes, ſoit pour la ſortie du port, ſoit pour entrer dans celui de ſa deſtination. En s'élevant dans les airs un horizon de trente lieues & plus, éclairera merveilleuſement ſur toutes ces circonſtances.

Lorſque toutes les conditions attachées à la perfection requiſe des Aéroſtats, ſeront obtenues, on pourra les conſtruire d'une grandeur ſi immenſe qu'elle paroîtra toujours exagérée, juſqu'à ce que l'on en voye les effets. Je ſuppoſe avec M. Joſeph de Montgolfier un Aéroſtat de 100 toiſes ou 600 pieds de diamètre, & que les frais de ſa conſtruction montaſſent à ſix cens mille livres; ſa force enleveroit au-delà de 900 tonneaux de 2000 livres, & c'eſt une des plus grandes capacités des vaiſſeaux marchands. Je ſuppoſe enſuite qu'on le faſſe naviger de Marſeille à Strasbourg, au fret de ſix livres par quintal, qui ſeroit la moitié du prix ordinaire de la voiture par terre, & que le retour ne ſoit eſtimé que la valeur du dédommagement des frais. Six voyages & retours ſuffiroient pour recouvrer la ſomme des débourſés, que douze voyages par an doubleroient. On conçoit, par ce premier coup-d'œil, que le commerce, & conſéquemment toutes les différentes claſſes de la ſociété, retireroient des avantages inappréciables de cette navigation; que la culture perfectionnée des terres, feroit également recherchée dans quelque contrée que ce fût, la plus éloignée des mers, des rivières ou des grands chemins, la plus entourée de montagnes ou de rochers d'accès difficile & difpendieux; & qu'en un mot, les communications les plus heureufes & les plus aifées s'établiroient fur toute la terre.

La defcription de tous les autres avantages de la navigation aérienne feroit inutile pour le but que je me fuis propofé en en décrivant une partie. Leurs conféquences font fi importantes, qu'elles doivent encourager & exciter les travaux & les efforts néceffaires pour les réalifer, & pour acquérir à cette découverte la perfection qu'elle exige. Elle a déjà fait un grand pas depuis le Ballon d'Annonai, jufqu'à l'Aéroftat de la Muette. MM. l'abbé Miolan & Janinet ont fait conftruire un bel Aéroftat du diamètre moyen de 90 pieds environ. Cet inftrument, bien fecondé par le public (qui le doit, puifque c'eft pour lui qu'on travaille), pourra fervir cet été, & jufqu'à l'arrière-faifon. Ces Meffieurs joignent à leurs talens une rare modeftie, & ils font difpofés à recevoir avec reconnoiffance, les bonnes directions & les fages avis que les favans & les hommes inftruits s'emprefferont fans doute de leur donner.

Les Aéroſtats remplis d'air inflammable, ne ſerviront jamais aux objets de néceſſité & d'un uſage ordinaire. Ils ſont trop diſpendieux, & la durée du gaz eſt trop courte ; cependant on en retirera de ſi grands ſecours pour accélérer les progrès rapides des ſciences phyſiques, qu'il faut non-ſeulement ne pas les rejeter, mais s'empreſſer de les employer ſans retard à toutes les expériences auxquelles ils ſont propres. Ils doivent d'autant plus être mis en uſage, qu'ils promettent avec ſureté, un degré de préciſion dans les produits de ces expériences, tel, que j'ignore quel autre moyen on pourrroit leur comparer qui fût auſſi ſatisfaiſant, ou qui s'en rapprochât même en partie.

La dépenſe du gaz a été d'abord exceſſive. L'inexpérience & le défaut d'habitude de le créer en grand, ont cauſé des frais énormes ; ces frais ont encore été augmentés par l'obſtination des praticiens, qui ont dédaigné juſqu'à ce jour de ſe conformer à une bonne théorie qui leur étoit indiquée, & qui ſe démontre mathématiquement.

Le gaz inflammable eſt eſtimé être à l'air commun, dans les rapports de 1 à 8, ou de 1 à 10. Je parle de celui tiré du fer par l'acide vitriolique. Cette eſtimation ſe fait en le renfermant ſous une enveloppe ſolide, telle que le verre. Il ne devoit pas en être de même, lorſqu'il ſeroit renfermé ſous une enveloppe flexible comme le taffetas, où il eſt comprimé par le poids d'une colonne de l'atmoſphère d'un diamètre égal à celui de l'aire du Ballon. L'élaſticité du gaz oppoſe enſuite ſa réſiſtance à la compreſſion de l'air, & le gaz ſe trouve alors avec l'air dans le rapport de 1 à 5 ¼ environ, plus ou moins, & à peu près. L'effort de cette élaſticité devoit produire une expanſion progreſſive, à meſure que le Ballon, en s'élevant, reſſentiroit moins la compreſſion de l'air, qui deviendroit plus léger en paſſant d'un degré d'élévation à un degré ſupérieur. J'avois déduit qu'il falloit conſéquemment ſe régler ſur ces deux progreſſions ſi évidentes, l'une croiſſante, celle de l'expanſion; l'autre décroiſſante, celle de la compreſſion; & qu'elles dictoient d'introduire le gaz dans le Ballon en quantité moindre que ſa capacité, & relative à ces deux effets, en ayant égard toutefois à la réſiſtance propre de l'enveloppe & à ſa perméabilité, qui permettent d'excéder un peu cette quantité, puiſque le gaz qui s'en échappe peu à peu, tend à la ſoulager. En raiſonnant ces élémens divers de calcul, j'en avois conclu, avant la première expérience du Champ-de-Mars, qu'on devoit ſe borner à une introduction de gaz dans le Ballon qui y étoit deftiné feulement pour les deux tiers de fa capacité. C'eft ce qui n'a point été fait encore, quoique tous les phyficiens-géomètres foient du même avis, & que les praticiens y euffent rencontré une très-grande économie. M. Vallet a indiqué & pratiqué une feconde économie encore plus forte : il a réduit le prix du pied cube de gaz à 3 $\frac{1}{2}$ fols, en corrigeant fon extraction dans l'appareil & dans les matières.

Tous ceux qui s'intéreffent à l'augmentation & à l'amélioration des connoiffances vraies & utiles, doivent défirer avec moi que des bons obfervateurs phyficiens & géomètres experts fur qui l'on puiffe compter, & à l'abri de tout doute, confentent à fuivre un cours de femblables expériences, qui feroient à bon droit dénommées fublimes. Elles ouvriroient la plus belle carrière pour pénétrer dans les fecrets de la nature.

Je fuppoferai donc trois de ces obfervateurs qui préméditeroient de s'élever jufqu'à 2900 toifes environ, où le baromètre eft ou approche de 14 pouces. Ce point eft celui où l'effet des réfractions de l'atmofphère eft diminué de moitié.

Il leur conviendra de fe fervir d'un Aéroftat fphérique, de 45 pieds de diamètre. Le poids de l'air déplacé par la capacité, fera de 4100 liv. fur la terre, & de 2050 liv. à la haute région de

2900 toiſes. On combinera donc la Machine, de manière qu'avec l'air inflammable, les obſervateurs & tout l'appareil, elle ne pèſe pas plus que 2050 liv.

On y introduira enſuite 30000 pieds d'air inflammable qui déplaceront 2578 liv. d'air ſur la terre, & on ſe ſera procuré une différence de 528 liv. à employer en leſt pour établir l'équilibre. Ce poids ajouté à l'Aéroſtat, indiquera le moment de l'équilibre, & celui où on ceſſera l'introduction du gaz. Il y en aura 6000 pieds de trop, & cette quantité ne cauſera pas de rupture, quand même il ne s'en perdroit point, parce que l'excès de ſa force expanſive ſera de 287 liv. par pied, & que l'enveloppe en ſupporteroit le double.

Il faudra diviſer le leſt en quatorze portions, combinées de manière qu'à meſure qu'on en jetera une, la force d'aſcenſion détermine les équilibres ſucceſſifs dans chacun deſquels le mercure deſcendra d'un pouce, ou à peu près, dans le tube du baromètre.

Le choix de l'étoffe pour l'enveloppe doit être réfléchi. Je préférerois le ſatin au taffetas, parce qu'il eſt bien mieux couvert par ſa chaîne, & qu'il ſera, par cette raiſon, moins perméable. Un bon vernis bouchera plus exactement ſes pores. Sa largeur ordinaire eſt de $\frac{7}{16}$ d'aune, ainſi l'aune contient 5 $\frac{1}{2}$ pieds quarrés ; ce pied étant verni, pèſera 6 gros ou $\frac{3}{4}$ d'once, d'un ſatin de 2 $\frac{1}{2}$ onces l'aune.

La dépenſe d'une première expérience ſeroit de 14000 liv. environ, & de 5400 liv. pour chacune des ſuivantes.

Les inſtrumens néceſſaires aux expériences ſont une montre à ſecondes, le baromètre, le thermomètre, l'hygromètre, une bouſſole & un téleſcope ou lunette acromatique. Il faudra noter d'abord en arrivant à l'équilibre la ſeconde, & 8 ou 10 diminutes après, l'état très-exact des autres inſtrumens ; & cêt eſpace de tems écoulé, on jetera une portion du leſt. On obſervera continuellement la bouſſole pour noter toutes ſes variations, & à chacune d'elles on ajoutera celle de la hauteur du baromètre.

Comme il ne faut négliger aucun moyen pour parvenir à ſe procurer tous les élémens de calcul avec une préciſion qui ne laiſſe rien à déſirer, il ſera à propos de ſe pourvoir d'une corde de 5000 toiſes de longueur. Elle eſt requiſe très-forte & légère, capable de ſoulever & ſoutenir un poids de 200 livres. La ſoie remplira ces conditions, en choiſiſſant un orgacin ſuperfin, dont on fera d'abord des ficelles avec trois bouts, & enſuite des cordons avec ſix ficelles entrelacées. Les 5000 toiſes ne pèſeront pas même quatre livres.

On attachera cette corde à l'Aéroſtat, après l'avoir étendue avec ſoin ſur la terre, afin que, lorſqu'il s'élevera, elle ſe développe & le ſuive ſans effort. Elle ſera garnie, à chaque centaine de toiſes, d'un ruban de couleur différente à chacune, pour que l'on ſache, au moment qu'ils ſeront ſoulevés de terre, combien il y a de longueur de développée, & qu'on note à chacun des développemens le tems précis à un quart de ſeconde d'exactitude. On obſervera les déviations de l'Aéroſtat avec toute l'attention poſſible, afin de faire les corrections néceſſaires. Il eſt certain qu'en comparant les obſervations faites ainſi ſur la terre, avec celles qui ſeront faites en même tems ſur l'Aéroſtat, on aura la raiſon du poids de l'air, de ſa réſiſtance & de ſa raréfaction, dans les ſix premiers termes de l'abaiſſement d'un pouce du mercure du baromètre avec une préciſion parfaite, & que cette théorie en acquerra un degré de certitude ſi évidente, qu'elle ne laiſſera rien à déſirer. Les ſix premiers termes de l'élévation en procureront une verticale de 1010 toiſes, un peu plus ou un peu moins, ſuivant la température de l'air.

Après avoir approfondi & déterminé la théorie

de la raréfaction de l'air, on aura à s'occuper de celle de ſa compoſition, de ſa température & de ſes accidens.

La compoſition de l'air pourra être ſondée en emportant des vaſes pleins d'eau, que l'on vuidera & eſſuyera exactement à chaque lieu d'équilibre, où ils ſe rempliront d'air. On les ſcellera bien, afin de pouvoir les analyſer après le retour. On aura la précaution de ſe pourvoir avec l'hygromètre d'un choix de corps qui contractent l'humidité avec le plus de facilité, pour reconnoître dans l'air même le degré d'exiſtence des vapeurs aqueuſes, & leur augmentation ou diminution. Elles jouent un très-grand rôle dans l'atmoſphère. L'air que nous reſpirons en eſt chargé. Elles y ſont donc accompagnées d'une quantité de fluide très-ſubtil, qui diminue 800 fois leur peſanteur. Elles s'élèvent enſuite progreſſivement dans le rapport de la plus forte raréfaction obſervée, où elles ne pèſent plus que 46 grains $\frac{2}{25}$, & qui indiquent qu'elles peuvent atteindre à une hauteur de 12600 toiſes, environ, ſauf toutefois les corrections que peuvent y apporter, ou en augmentation la force expanſive ſoit dilatante, ou en diminution, la condenſation. Les loix de la nature ſont fixes, certaines & invariables. Auſſi-tôt qu'on ſe ſera procuré un nombre ſuivi de termes en progreſſions exactes, ſoit croiſſantes, ſoit décroiſſantes, on ſera aſſuré de déterminer tous les autres termes ſans errer.

La température de l'air eſt très-variable auprès de la terre, à cauſe de la différence des effets de la percuſſion & de la répercuſſion des rayons du ſoleil, & des divers mêlanges des évaporations. Les répercuſſions ſont divergentes, & deviennent peu à peu inſenſibles. Les effets des évaporations diminuent également à meſure qu'elles ſe rendent plus rares, & on trouvera vraiſemblablement un degré de température fixe, ou au moins à-peu-près, depuis une hauteur déterminée en ſus.

L'étude de la marche de la bouſſole dans les hautes régions eſt très-eſſentielle, & elle pourra conduire à faire connoître la raiſon du phénomène ſi intéreſſant de ſa direction.

Les obſervations des effets électriques, leur analogie avec l'état de l'air dans les différentes hauteurs de l'atmoſphère, leur correſpondance & liaiſon réciproque avec les météores & avec tous les phénomènes produits dans le ſein des airs, feront autant de moyens directs pour aider à les expliquer & à les interpréter.

Les courans divers qui agitent les airs, ſont, comme

comme je l'ai dejà remarqué, les agens de la nature pour rétablir l'équilibre dans l'atmofphère. Cet équilibre eft dérangé d'abord par les diverses influences des climats, ou par les variations locales des raréfactions, ou par la preffion variable de la lune. Il peut donc y avoir des courans conftans, d'autres variables par des caufes déterminées & périodiques, & d'autres variables par des caufes accidentelles. L'action d'un courant en produit un autre contraire, foit au-deffus, foit au-deffous de lui. Quel champ vafte à exploiter pour l'intelligence humaine!

Comme la théorie des courans eft très-digne d'occuper l'attention des obfervateurs, ils feront très-fagement de fe pourvoir de Ballons d'une médiocre grandeur, pour les lâcher lorfqu'ils feront parvenus à leur plus haute élévation. Ils acquerront par eux la connoiffance du cours de l'atmofphère à un millier de toifes de plus.

Ces Ballons fecondaires feront combinés fuivant les loix de la dilatation; & pour acquérir une connoiffance pratique de ces loix, on pourroit en remplir un entièrement fur terre, & obferver enfuite très-exactement le lieu & le moment de fa rupture.

Les expériences fur la gravitation, la raréfaction, l'électricité & quelques autres objets, fe feront à une hauteur de 1200 à 1500 toiſes, d'une manière très-ſatisfaiſante, ſans être obligé d'aller plus haut. Il ſeroit très-convenable d'y ajouter en même-tems des moyens d'eſſai pour la direction. Il faut réduire la dépenſe, & on pourroit, pour cet effet, conſtruire un Aéroſtat ſur deux diamètre, l'un de 16 pieds de hauteur, l'autre de 48 pieds de longueur, pour deux obſervateurs, auquel on joindroit un ſecond Ballon de 16 pieds de diamètre qui produiroit l'effet de l'élévation, & qu'on lâcheroit pour redeſcendre, en laiſſant couler la corde à laquelle il ſeroit attaché, qui ſerviroit à le retirer à terre lorſqu'on y ſeroit arrivé.

Les élémens de calcul qu'on obtiendroit par ces procédés, ſerviroient très-bien pour réſoudre tous les problêmes qu'offrent les grands Aéroſtats à feu, ainſi que pour rendre leurs uſages plus généraux & plus utiles.

Le ſatin que je propoſe pour ſervir à l'enveloppe, ſeroit bien remplacé & mieux encore, ſans augmentation de dépenſe, par un taffetas florence ſur lequel on coleroit un mi-florence, enduits tous deux d'un bon vernis ; j'eſtime qu'une telle enveloppe ſe rapprocheroit fort de l'imperméabilité, & que la force de ſa réſiſtance ſeroit au moins de 800 livres par pied.

Toutes ces expériences répétées par un grand

nombre de favans, dans différens climats, faifons & hauteurs, produiront un concours d'obfervations dont il naîtra des connoiffances auffi utiles qu'évidentes. Je fuis bien éloigné d'en avoir épuifé le détail; mais je crois avoir dit affez pour faire fentir leur utilité & leur importance.

On a objecté, & on objectera fans doute encore; l'homme refpirera-t-il bien à une hauteur de 2900 toifes? Il l'effaiera, & il fera le maître avec fon left de s'arrêter au lieu où il preffentiroit du danger à l'outre-paffer. Mais ne s'expofera-t-on pas à de très-grands rifques? Ils feroient très-grands, fi l'on fe hafardoit en tout tems, & au milieu de grands orages, au milieu du combat & de l'entre-choc des vents. Ces circonftances évitées, il paroît qu'il y a moins de rifques à courir dans les airs que fur la terre même, & très-certainement infiniment moins que fur les eaux. N'eft-il pas pofitif qu'on pourra abufer de la navigation aérienne? Nous ne la poffédons pas encore affez parfaitement, nous en fommes même éloignés; mais quand cette perfection fera acquife, on aura par elle mille moyens pour en empêcher les abus, pour infpecter les contrebandiers, pour arrêter les voleurs, & pour réprimer les crimes qui troublent l'ordre de la fociété, &c.

L'amour des fciences, celui de l'humanité,

le zèle du patriotiſme, le déſir de la célébrité, & une infinité d'autres motifs puiſſans, ſont bien dignes d'inciter la claſſe opulente des vrais citoyens, & celle des ſavans & des habiles artiſtes, à réunir leurs moyens & leurs efforts pour frayer la route qui conduira à l'acquiſition de tant de connoiſſances, & d'un auſſi grand nombre d'avantages & d'utilités inſignes. Si l'imagination s'égare ſouvent dans les objets qu'elle entrevoit, en échange ſouvent elle ne prévoit pas tout, & de foibles ruiſſeaux dans leur origine, produiſent enfin des grands fleuves. L'Aéroſtat a élevé d'abord ſa tête altière, & il a promis auſſi-tôt au vrai philoſophe, dans ſes méditations profondes, de combler les hommes de bienfaits ineſpérés.

EXTRAIT

DE L'OUVRAGE DE LANA,

INTITULÉ :

PRODROMO overo ſaggio di alculne inventioni nuove premeſſo all' arte maeſtra opera che prepara il P. Franceſco Lana, Breſciano, della Compagnia di Gieſu. In Breſcia, M DC LXX, per li Rizzardi.

CAPO SESTO.

FABBRICARE una nave, che camini ſoſtentata ſopra l' aria a remi, e a vele, quale ſi dimoſtra poter riuſcire nella prattica.

NON ſi è fermato nelle precedenti inventioni l' ardire e curioſità dell' intelette umano; ma in oltre hà cercato come gl' uomini poſſano anch' eſſi a guiſa d' uccelli volare per l' aria; e non è forſe favoloſo ciò che di Dedalo, e d'Icaro ſi racconta : Imperciocchè narraſi per coſa certa che un tale di cui non ſovviennmi il nome, â tempi noſtri con ſimile artificio, paſſò volando dall' una all' altra parte del lago di Perugia; benche poi volendosi posare in terra si lasciò cadere con troppo impeto, e precipitò a costo della sua vita. Niuno però mai hà stimato possibile il fabricare una nave, che scorra per l' aria, come se fosse sostenuta dall' aque; imperocchè hanno giudicato non potersi far machina più leggiera dell' aria stessa, il che è necessario acciò possa seguire l'effetto desiderato.

Or io che sempre ebbi genio di ritrovare inventioni di cose le più difficili, dopo lungo studio sopra di ciò, stimo avere ottenuto l'intento di fare una machina più leggiera in specie dell' aria, si che non solo essa con la propria leggierezza stia sollevata in aria, ma possa portare sopra di se uomini, e qualsivoglia altro peso; ne credo d' ingannarmi, essendo che dimostro il tutto con isperienze certe, e con una infallibile dimostrazione del libro undecimo d' Euclide, ricevuta per tale da tutti i matematici. Farò dunque prima alcune suppositioni, dalle quali poscia dedurro il modo prattico di fabricare questa nave, la quale se non meritarà come quella di Argo, d' esser posta trà le stelle, salirà almeno verso di esse da se medesima.

Suppongo in primo luogo, che l' aria abbia il suo peso, a cagione dei vapori ed esalationi che all' altezza di molte miglia ſi ſollevano dalla terra, e dall' aque, e circondano tutto il noſtro globo terraqueo; e ciò non mi ſarà negato da' filoſophi, che ſono leggiermente verſati nelle ſiſperienze; poichè è facile il farne la prova, con cavare ſe non tutta almeno parte dell' aria, che ſia in un vaſo di vetro: il quale peſato prima, e dopo che n' è ſtata cavata l' aria ſi ritroverà notabilmente diminuito di peſo. Quanto poi ſia il peſo dell' aria io l' ho ritrovato in queſta maniera. Ho preſo un gran vaſo di vetro il di cui collo ſi poteva chiudere, ed aprire con una chiavetta e tenendolo aperto l' ho riſcaldato al fuoco tanto che rarefacendoſi l' aria ne uſci la maggior parte: poi ſubito lo chiuſi sì che non poteſſe rientrarvi, e lo peſai; ciò fatto ſommerſi il collo nell' aqua, reſtando tutto il vaſo ſopra l' aqua iſteſſa, e aprendolo ſi alzò l' aqua nel vaſo, e ne riempì la maggior parte: l' aprij di nuovo e ne feci uſcir l' aqua, quale peſai, e ne miſurai la mole, e quantità; dal che inferiſco che altrettanta quantità d' aria era uſcita dal vaſo, quanta era la quantità dell' aqua che vi era entrata per riempire la parte abbandonata dall' aria; peſai di nuovo il vaſo prima ben raſciugato dall' aqua, e ritrovai che peſava un oncia più mentre era pieno d' aria di quello peſaſſe, quando n' era uſcita una gran parte. Si che quello di più che peſava era una quantità di aria uguale in mole all' aqua che vi entrò in ſuo luogo : L' aqua peſava 640 oncie, onde concludo che il peſo dell' aria paragonato à quello dell' aqua è come 1 a 640 cioè a dire ſe l' aqua, che riempie un vaſo peſa 640 oncie, l' aria che riempie il medeſimo vaſo peſa un' oncia.

Suppongo ſecondo che un piede cubico di aqua, cioè l' aqua che può ſtare in un vaſo quadro, largo un piede, e altrettanto lungo, e alto peſi 80 libre cioè oncie 960 conforme all' iſperienza del Villalpando che è quaſi deltutto conforme alla mia : Imperchiocchè ritrovai che quell' aqua la quale peſara 640 oncie era poco meno di due terzi di un piede cubico. Dal che viene in neceſſaria conſeguenza, che ſe due terzi di un piede d' aria peſa un' oncia, un piede intiero peſara un' oncia e mezza.

Terzo, ſuppongo che ogni gran vaſo ſi poſſa vuotare da tutta, o almeno quaſi tutta l' aria; e ciò dimoſtrerò farſi in varij modi nell' opera dell' arte maeſtra, comme ſpiegarò à ſuo luogo; intanto acciò tal uno non ſtimi che ſia una vana promeſſa, ne inſegnarò qui uno de più facili.

Piglisi qualſivoglia gran vaſo, che ſia tondo, e abbia un collo, a al collo ſia conneſſa una canna di rame, o di latta lunga almeno 47 palmi romani moderni, ed essendo più lunga l'effetto sarà più ficuro; vicino al vafo fia una chiavetta che chiuda per tal modo il vafo, che non vi poffa entrare aria : fi riempia di aqua tutto il vafo con tutta la canna; poi chiufa la canna nella parte eftrema fi rivolti il vafo sì che ftia nella parte di fopra, e la parte eftrema della canna fi fommerga dentro all' aqua; e mentre è immerfa nell' aqua fi apra, acciò efca l' aqua dal vafo, la quale ufcirà tutta reftando piena la canna fino all' altezza di palmi 46 minuti 26 e tutto il rimanente di fopra fàrà voto, non potendo entrar aria per alcuna parte; allora fi chiuda il collo del vafo con la chiavetta, e fi avrà il vafo vuoto; che fe alcuno non lo crede lo pefi, e ritroverà che quanti piedi cubici d'aqua fono ufciti da effo, altre e tante oncie e mezze oncie di meno peferà diquello pefava prima, quando era pieno di aria; il che bafta, per il mio intento, non volendo qui difputare, fe refti vuoto d'ogni forte di corpo; del che difcorrerò a fuo luogo, diffendendo che non può effer vacuo, e infieme moftrando che non vi refta corpo, il quale fia di alcun pefo.

Quarto, fuppongo effer vere ed infallibili le dimoftrationni del libro 11 e 12 di Euclide ricevute da tutti i filosofi e matematici ed evidenti per manifesta isperienza; nelle quali si prova, che la superficie delle palle o sfere cresce in ragione duplicata delli loro diametri, dove che la solidità cresce in ragione triplicata delli medesimi diametri: ed acciò questo si possa intender da tutti : si deve sapere che allora la ragione, o proportionne è duplicata, quando si pigliano tre numeri in tal modo, che il terzo contenga il secondo tante volte, quante il secondo contiene il primo, come nell' esempio qui posto

1	2	4
1	3	9
1	4	16

dove il terzo numero 4 contiene il secondo numero 2 tante volte quante il 2 contiene l' 1, cioè due volte; e similmente, il terzo numero 9 contiene il secondo 3 tante volte, quante il tre contiene l' uno, cioè tre volte.

Allora poi la proportionne è triplicata, quando si pigliano quatro numeri in modo tale, che il quarto contenga tante volte il terzo, quante questo contiene il secondo, ed il terzo contenga tante volte il secondo, quante questo, contiene il primo, come si vede in questo altro esempio.

1	3	9	27
1	4	16	64

Dimoſtra dunque Euclide che la ſuperficie delle palle, o sfere creſce in proporzione duplicata delli diametri, cioè ſe pigliaremo due palle, una delle quali ſia di diametro groſſa il doppio dell' altra, per eſempio una di un palmo di diametro, l'altra di due; la ſuperficie della palla di due palmi ſarà quattro volte più grande della ſuperficie della palla di un palmo; e che tutto il corpo, o ſolidità della palla di due palmi creſcendo in proporzione triplicata ſarà otto volte più grande, e per conſeguenza otto volte più peſante della palla di un palmo di diametro; ſicchè la ſuperficie della maggiore alla ſuperficie della minore ſarà come 4 à 1, e la ſolidità ſarà come 8 à 1. La quale verità oltre la dimoſtrazione ſpeculativa ſi può vedere in pratica, peſando l' aqua che empie una palla di un palmo di diametro, e quella che empie un' altra palla di due palmi: con il che avremo la proportione triplicata della ſolidità: la proportione poi duplicata della ſuperficie la ritrovaremo miſurando la ſuperficie delle medeſime palle, o vaſi: dove di paſſaggio avverta una regola utile all' economia, e *ſparamio* nella ſpeſa de' materiali, volendo ſare botti per tener vino, ſacchi , o altri vaſi neceſſarij : cioè che facendo una ſola botte con quei legnami con i quali ſe ne farebbero due, quella botte ſola terrà in ſe il doppio di vino di quello ; che farebbero tutte due le botti ; così anche, ſe la medeſima tela, che forma due ſacchi ſi unirà inſieme facendone un ſacco ſolo , queſto ſolo ſacco terrà il doppio più grano di quello , che tenevano li due ſacchi.

Quinto , ſuppongo con tutti i filoſofi , che quando un corpo è più leggiero in ſpetie , com' eſſi parlano, di un' altro , il più leggiero aſcende nell' altro più greve, ſe il più greve, ſia corpo liquido ; come una palla di legno , aſcende ſopra l' aqua , e galleggia perchè è più leggiera in ſpetie dell' aqua ; così anche una palla divetro ripiena d' aria galeggia ſopra l' aqua , perchè ſebbene il vetro è più greve dell' aqua tutto il corpo però della palla pigliando il vetro inſieme con l' aria è più leggiero di quello che ſia al'trettanto corpo di aqua : che queſto è l' eſſere più leggiero in ſpetie.

Preſuppoſte queſte coſe, certo è che ſe noi poteſſimo fare un vaſo di vetro, od' altra materia, il quale peſaſſe meno dell' aria, che vi ſtà dentro , e poi ne cavaſſimo tutta l' aria, nel modo inſegnato di ſopra ; queſto vaſo reſtarebbe più leggiero in ſpetie dell'aria medeſima ; ſicchè per il quinto supposto galleggiarebbe sopra l'aria, ed andrebbe in alto. Per esempio, se potessimo fare un vaso di vetro, che tenesse un piede di aqua, cioè ottanta libre, e fosse tanto sottile, che pesasse meno di un oncia, e mezza; cavata che ne fosse l' aria, la quale per la prima e seconda supposizione pesarebbe un' oncia e mezza, esso vaso restarebbe più leggiero dell' aria medesima, ed ascenderebbe sopra essa sostenuto dalla propria leggierezza. Questo vaso avvegnachè capace di un piede di aqua nulladimeno così sottile, che pesi meno di un' oncia e mezza non si può fare ne di vetro ne di altra materia sicchè resti sodo, e consistente; ma se noi faremo un vaso molto più grande con il doppio di vetro avremo un vaso, che terrà quattro volte più d' aqua, cioè quattro piedi e per conseguenza sei oncie d' aria; essendochè per il quarto supposto la capacità del vaso cresce al doppio più della supperficie; onde chi facesse un vaso capace di quattro piedi d' aria, e che pesasse meno disei oncie, cavatene le sei oncie, d' aria, sarebbe più leggiero dell' aria: ed il fare questo secondo vaso certo è al doppio meno difficile che fare il primo. Ma perchè ancor questo secondo non è forsi fattibile tanto leggiero, che sia meno di sei oncie, esia capace di quattro piedi d' aria, ſe ne faccia un altro maggiore, il quale ſia al doppio capace del ſecondo, cioè di otto piedi, e per conſeguenza di 12 oncie di aria, il quale peſi meno di dodeci oncie; ed il fare queſto terzo vaſo ſarà più facile che il ſecondo. In ſomma ſi vada creſcendo l' ampiezza del vaſo, poichè queſta creſcerà ſempre più di quello che creſca la ſuperficie, cioè la materia ed il peſo, con cui ſi fabrica: onde arrivaremo ad una tale grandezza, che ancor che ſia fatto di materia ſoda e peſante: il peſo però dell'aria che conterrà in ſe, ſarà maggiore del peſo della materia che compone la ſuperficie di eſſo vaſo; perchè come ſi è detto la capacità, e grandezza creſce al doppio della ſuperficie.

Vediamo ora di quale determinata grandezza ſi poſſa fare un vaſo di rame condotto ſottile sì, ma non tanto che ſia difficile il farlo; e poniamo che la ſottigliezza del rame ſia tale, che una laſtra di eſſo larga e lunga un piede peſi tre oncie, il che non è coſa difficile. Faremo dunque con queſto rame tirato alla detta ſottigliezza un vaſo tondo, il diametro, o groſſezza del quale ſia di 14 piedi: dico che queſto vaſo peſerà meno di quello che peſi l' aria che vi ſta dentro; ſi che cavatane fuori l' aria, e reſtando il vaſo più leggiero di ugual mole di aria neceſſariamente afcenderà da fe fteffo fopra l' aria. Per dimof-trarlo mi fervo delle regole infallibili che dà Archimede per mifurare una sfera; dice dunque, ed è dimoftrazione ricevuta da tutti, che la proportione del diametro alla circonferenza di un circolo, è come 7 a 22 poco meno; cioè fe il diametro è 7 piedi, la circonferenza e il giro farà 22 piedi ficchè ponendo il noftro vafo di 14 piedi di diametro, la circonferenza farà di 44 perchè come 7 à 22 così è 14 à 44. Per vedere poi di quanti piedi quadri fià tutta la fuperficie del vafo tondo, infegna che fi deve multiplicare effo diametro per la circonferenza; ficchè multiplicheremo 14 per 44 ed avremo la fuperficie di quefto vafo tondo, che faranno 616 piedi quadri di laftra di rame, ciafcuno de' quali abbiamo pofto che pefi tre oncie, ficchè multiplicando 616 per 3 avremo 1848 oncie; che è il pefo di tutto il rame con il quale è fabricata la palla, cioè libre 154. Vediamo ora fe l' aria che fi contienne in quefto vafo pefi più di 154 libre poichè fe così è, cavatane l' aria refterà il vafo più leggiero di lei: e quanto farà più leggiero della medefima, altrettanto pefo potrà alzare feco, efollevarlo in aria. Per vedere il pefo dell' aria che vi fta dentro, bifogna vedere quanti piedi cubici di aria contenga, ciafcuno de' quali abbiamo moſtrato che peſa un' oncia e mezza. Per ciò fare inſegna di nuovo Archimede, che biſogna multiplicare il ſemi diametro, che ſarà piedi 7, per la terza parte della ſuperficie che ſarà 205 e $\frac{1}{3}$; il che fatto, avremo la capacita del vaſo, che ſarà piedi 1437 e un terzo, e perchè ogni piede di aria peſa un' oncia, e mezza, ſarà il peſo di tutta l' aria contenuta nel vaſo oncie 2155 e due terzi cioè libre 179, oncie 7 e due terzi. Avendo dunque veduto che il rame, di cui è formato il vaſo peſa ſolo 154 libre reſta il vaſo più leggiero dell' aria 25 libre, oncie 7 e due terzi, come aveva propoſto di dimoſtrare; ſi che cavata fuori queſt' aria, non ſolo ſalirà ſopra l' aria, ma potrà tirar ſeco in alto un' peſo di 25 libre e oncie 7 e due terzi.

Ma acciò che poſſa alzar maggior peſo, e ſollevare uomini in aria pigliaremo il doppio di rame, cioè piedi 1232 che ſono libre di rame 308 con il qualrame duplicato potremo fabricare un vaſo, non ſolo al doppio più capace, ma quattro volte più capace del primo, per la ragione più volte replicata della quarta ſuppoſitione; e per conſeguenza l' aria, che ſi conterrà in detto vaſo ſarà libre 718, oncie 4 e due terzi ſi che cavata queſt' aria dal vaſo, queſto reſterà 410 libre e oncie 4 e due terzi, più leggiero

giero di altrettant' aria, e per conſeguenza potrà ſollevare tre uomini, o due almeno; ancor che peſino piu di otto peſi per uno.

Si vede dunque manifeſtamente, che quanto più grande ſi farà la palla, o vaſo ſi potrà anche adoperare laſtra di rame, o di latta più groſſa, e ſoda; imperciocche ſebbene creſcerà il peſo di eſſo, creſcerà però ſempre più la capacità del medeſimo vaſo, e per conſeguenza il peſo dell' aria; onde potrà ſempre alzare in aria maggior peſo.

Da ciò ſi raccoglie facilmente, come ſi poſſa formare una machina la quale a guiſa di nave camini per l' aria; ſi facciano quattro palle ciaſcuna delle quali ſia atta ad alzare due o tre uomini, come ſi è detto poco avanti; le quali ſi votino dall' aria nel modo ſopra moſtrato. Queſte ſi connettano inſieme con quattro legni, ſi formi una machina di legno ſimile ad una barca, con il ſuo albero, vele, e remi: e con quattro funi uguali ſi leghino alle quattro altre palle, dopo che ſi farà cavata fuori l' aria, tenendole legate a terra acciò non sfuggano e ſi ſollevino prima che ſiano entrati gli uomini nella macchina; allora ſi ſciolgano le funi rallentandole tutte nel medeſimo tempo: così la barca ſi ſolleverà ſopra l' aria, e porterà ſeco molti uomini più o meno conforme la grandezza delle palle, i quali potranno servirsi delle vele, e de' remi a suo piacere per andare velocissimamente in ogni luogo sino sopra alle montagne più alte.

Ma mentre riferisco questa cosa rido tràme stesso parendomi che sia una favola non meno incredibile, e strana di quelle, che uscirono dalla volontariamente pazza fantasia del lepidissimo capo di Luciano; e pure dall altro canto conosco chiaramente di non avere errato nelle mie prove, particolarmente avendole conferite a molte persone intendenti e savie; le quali non hanno saputo ritrovare errore nel mio discorso; ed hanno solo desiderato di poter vedere la prova in una palla, che da se stessa salisse in aria; quale avrei fatta volontieri prima di pubblicare questa mia inventione, se la povertà religiosa che professo mi avesse permessò lospendere un centinajo di ducati, che sarebbero d'avantaggio per soddisfare a sì dilettevole curiosità; onde prego i lettori di questo mio libro a quali venisse curiosità di fare questa esperienza che mi vogliano ragguagliare del successo, il quale se per qualche diffetto commesso nell' operare non sortisse felimente potrò forsi additarli il modo di correggere l' errore; e per animare maggiormente ciascuno alla prova voglio sciogliere alcune difficoltà, che potrebbero opporsi in ordine alla pratica di questa invenzione.

Primieramente può ritrovarsi difficoltà in votare la predetta palla ovaso nel modo di sopra insegnato, richiedendosi il rivoltare sopra la canna la palla, mettendo in alto la palla, che prima posava in terra, il che certo non si potrebbe fare senza qualche macchina, con difficoltà, stante la grandezza del vaso, o palla tutta ripiena d' aqua. A questo si può remediare in modo che non sia necessario di muovere la palla. Si collochi dunque la palla in luogo alto almeno 47 palmi e nella parte disotto sia connesso alcollo la canna di 47 palmi, la quale si chiuderà nella parte inferiore poscia si empirà di aqua il vaso con tutta la canna per un altro forame nella parte superiore; pieno che sarà, si chiuderà il detto forame con una vite, o chiavetta, e volendolo votare basterà aprire la parte estrema della canna immersa in un vaso d'aqua, acciò uscendo l' aqua dal vaso non vi possa sottentrar aria; uscita che sarà tutta l' aqua si chiuderà la chiavetta del collo del vaso e si leverà via la canna, così avremo il vaso, il quale se non sarà del tutto voto di aria, del che non voglio qui disputare, certo è che almeno peserà tante uncie e mezza di meno, quanti sono i piedi d' aqua che prima conteneva nella ſua capacità, il che baſta per il mio intento; ed è già ſtato provato con l' eſperienza, come ho detto di ſopra : deveſi ſolo uſare diligenza in fare che le chiavi, che chiudono il vaſo ſiano fatte eſattamente in modo che non vi poſſa entrar aria per le commeſſure.

Secondo, ſi può fare difficoltà in ordine alla ſottigliezza del vaſo; poichè facendo gran forza l' aria per entrar dentro ad impedire il vacuo, o almeno la violenta rarefazzione, pare che dovrebbe comprimere eſſo vaſo, e ſe non romperlo, almeno ſchiacciarlo, e guaſtare la ſua rotondità.

A queſto riſpondo, che ciò *avvenirebbe* quando il vaſo non foſſe tondo; ma eſſendo sferico l' aria lo comprime ugualmente da tutte le parti sì, che più toſto lo raſſoda, che romperlo : ciò ſi è veduto per iſperienza in vaſi di vetro, li quali ancor che fatti di vetro groſſo, e gagliardo, ſe non hanno figura tonda, ſi rompono in mille pezzi; dove all' incontro i vaſi tondi di vetro ancor che ſottiliſſimi, non ſi rompono; nè è neceſſaria una perfettiſſima rotondità; ma baſta, che non ſi ſcoſti molto da una tale figura sferica.

Terzo, nel formare la palla di rame ſi potranno fare due mezze palle e poi connetterle inſieme, e ſaldarle con ſtagno al modo ſolito; ovvero ſarne molte parti, e ſimilmente unirle; nelche non ſi può ritrovare difficoltà.

Quarto, può naſcere difficoltà circa l'altezza alla quale ſalirà per l' aria la nave; poiche s' ella ſi ſollevaſſe ſopra tutta l' aria che communemente ſi ſtima eſſer alta cinquanta miglia più o meno come vedremo dopo, ſeguitarebbe che gl' uomini non poteſſero reſpirare.

Al che riſpondo, che quanto più ſi va in alto nell' aria, ella è ſempre più ſottile e leggiera; onde arrivata la nave ad una certa altezza non potrebbe ſalire più alto, perchè l' aria ſuperiore eſſendo più leggiera non ſarebbe atta a ſoſtenerla, ſi che ſi fermerà dove ritroverà l' aria tanto ſottile, che ſia uguale nel peſo a tutta la machina; con la gente, che vi ſta ſopra. Quindi acciò non vada troppo alta, converrà caricarla di peſo più, o meno conforme all' altezza, alla quale vorremo ſalire; ma ſe ella pure ſaliſſe troppo alto, ſi può a ciò rimediare facilmente con aprire alquanto le chiavette delle palle laſciandovi entrare qualche quantità di aria; imperocchè perdendo in parte la loro leggierezza ſi abbaſſeranno con tutta la nave; come all' incontro ſe non ſaliſſe alta quanto deſideriamo, potremo farla ſalire con alleggerirla di quei peſi che vi metteremo ſopra. Coſi parimente volendo difcendere fino à terra fi dovrà aprire le chiavette dei vafi; perchiocchè entrando in effi a poco a poco l' aria perderanno la fua leggierezza, e fi abbafferanno à poco a poco fino a deporre la nave in terra.

Quinto, alcuno potrebbe opporre, che quefta nave non poffa effer fpinta pervia di remi, perchè quefti in tanto fpingono le navi per l' aqua, in quanto l' aqua fà refiftenza al remo, laddove l' aria non può fare tal refiftenza.

Aquefto rifpondo, che l' aria benchè non faccia tanta refiftanza al remo quanto fa l' aqua per effer più fottile, e mobile; fa però notabile refiftenza, e tanta quanta bafterà à fpingere la nave; poichè quanto è minore la refiftenza che fà l' aria al remo, altrettanto è minore la refiftenza che fa al moto della nave; onde con poca refiftenza di remo potrà muoverfi agevolmente: oltre che rare volte farà neceffario adoprare i remi, mentre nell' aria fempre avremo qualche poco di vento, il quale ancorche debolliffimo farà fufficiente a muoverla velocemente; e quando anche foffe vento contrario alla noftra navigatione, infegnerò altrove il modo di accomodare l' albero delle navi in modo, che poffano camminare con qual fi voglia vento non folo per erià, ma anche per aqua.

Sesto, maggiore è la difficoltà di rimediare all' impeto troppo grande, con cui il vento gagliardo potrebbe spingere la nave sì che corresse pericolo di urtare nei monti, che sono i scogli di questo oceano dell' aria; overo di sconvolgersi e ribaltarsi : Ma quanto al secondo dico che difficilmente potrà da venti sconvolgersi tutto il peso della machina, con molti uomini che standovi sopra la premeranno in modo che sempre contrapeseranno alla leggierezza delle palle; sicchè queste resteranno sempre in alto sopra la nave, ne mai la nave potrà alzarsi sopra di loro : oltre che non potendo mai la nave cadere a terra, se non entra aria nelle palle; ne essendovi pericolo d'affogare nell' aria, come nell' aqua, afferrandosi gl' uomini a legni, o corde della machina sarebbero sicuri di non cadere. Quanto al primo confesso che questa nostra nave potrebbe correre molto pericolo; ma non maggiore di quali, a' quali soggiaciono le navi maritime; perciocchè come quelle, così questa potrebbe servirsi dell' ancore, le quali facilmente si attaccherebbero agl' alberi : oltre che quest' oceano dell' aria, benchè sia senza lidi, ha però questo vantaggio, che non bisognano i porti ove ricoverarsi la nave, potendo ogni qualvolta vede il pericolo prender terra, e discendere dall' aria.

Altre difficoltà non vedo che ſi poſſano opporre a queſta inventione, toltane una, che a me ſembra maggiore di tutte le altre, ed è che Dio non ſia per mai permettere che una tale machina ſia per riuſcire nella pratica, per impedire molte conſeguenze, che pertubarebbero il governo civile, e politico tra gli uomini : Imperciocchè chi non vede, che niuna città ſarebbe ſicura dalle ſorpreſe, potendoſi ad ogn' ora portar la nave a dirittura ſopra la piazza di eſſe, e laſciatala calare a terra diſcendere la gente? L' iſteſſo accaderebbe nelle corti delle caſe private; e nelle navi che ſcorrono il mare, anzi con ſolo diſcendere la nave dall' altezza dell' aria, ſino alle vele della nave maritima potrebbe troncarle le funi; ed anche ſenza diſcendere, con ferri, che dalla nave ſi gettaſſero a baſſo ſconvolgere i vaſcelli uccider gl' uomini, ed incendiare le navi con fuochi artificiali con palle, e bombe; ne ſolo le navi, male caſe, i caſtelli e le città, con ſicurezza di non poter eſſer offeſi quelli, che da una ſmiſurata altezza le faceſſero precipitare.

EXTRAIT DE BORELLI.

Jos. Alphonsi Borelli, Neapolitani Matheſeos Profeſſoris, de motu animalium. Pars prima, cap. XXII de volatu, propoſitio 204.

Est impoſſibile, ut homines propriis viribus artificioſe volare poſſint.

Tria potiſſimum in volatu conſiderari debent: primò, facultas motiva à qua corpus animalis per aerem ſuſpendi debet; ſecundò, inſtrumenta idonea, quæ ſunt *alæ*: tertiò, reſiſtentia corporis gravis ejuſdem animalis. Gradus virtutis motivæ dignoſcitur à mole & quantitate muſculorum, qui deſtinati ſunt ad flectenda brachia, ſeu ad remigium alarum exercendum. Et quia vis motiva alarum in avibus oſtenſa eſt decies millies major, quàm ſit reſiſtentia ponderis earundem, utque tam enormem exceſſivum virtutis motivæ natura avibus largiretur, auxit valdè molem muſculorum pectoralium, & ſolerter imminuit pondus totius corporis ejuſdem avis, ut ſuprà inſinuavimus.

Quando ergo quæritur, an homines propriis viribus volare poſſint, videndum eſt, an vires motivæ muſculorum pectoralium (quorum vires indicantur & menſurantur à vaſtitate eorundem *muſculorum*, eodem exceſſu, ſcilicet decies millies ſuperent reſiſtentiam ponderis totius humani corporis, una cum pondere ingentium alarum, quæ *brachiis* aptari debent. Et patet, quod motivæ vires pectoralium muſculorum in hominibus multo minores ſunt, quàm neceſſitas volatus exigit, quia in avibus moles & pondus muſculorum, alas flectentium, non eſt minus una ſexta parte ponderis totius corporis ejus. Ergo opporteret ut muſculi pectorales hominis penderent, pluſquam una pars ſexta ponderis totius corporis ejus : ſic enim brachia cum annexis alis vibrando, exercere poſſent vires, decies millies majores pondere ipſo corporis humani. At longe abſunt à tali exceſſu cum prædicti muſculi pectorales nec centeſimam partem ponderis totius hominis æquent. Quapropter, aut vires muſculorum augeri deberent, aut pondus humani corporis imminuendum eſſet, ut proportio ſimilis fieret ei, quæ in avibus exiſtit.

Hinc deducitur, omnino fabuloſum fuiſſe artificium Icarium, utpote impoſſibile : nam nec muſculi pectorales hominis augeri, nec pondus humani corporis minui poteſt ; & adhibita quacumque machina vectis aut alterius ſimilis organi, licet ejus momentum augeri poſſit, nunquam tamen æque velociter reſiſtentia movebitur, ac potentia impellit; & proindè alarum vibratio, facta à *mufculorum* contractione non poterit vi machinæ eadem velocitate furfum impellere corpus grave hominis, qua ipfi *mufculi* contrahuntur.

Reftat folummodo imminutio ponderis humani corporis non abfoluta, quæ impoffibilis eft, fi remanere integra ejus machina debet; fed fpecifica & refpectiva ad fluidum aëreum ficuti lamina plumbi fuper aquam innatare poteft, fi ei addatur tanta fuberis moles, quæ reddat compofitum ex plumbo & fubere æque grave, ac pendet aquæ moles æqualis parti demerfæ ex Archimedis doctrina. Et hoc artificio utitur natura in pifcibus, in quorum *ventrem* inferuit *veficam* aëre plenam, cum qua in ipfa aqua æquilibrari poffunt, ita ut ibidem quiefcant, non fecus ac fi effent moles aqueæ.

Hoc eodem artificio quidam recentiores fibi fuaferunt, æquilibrari poffe pondus humani corporis cum ipfo aëre, addita nimirum vafta *vefica* vacua, vel rariffimo fluido repleta, tantæ amplitudinis, ut poffit in fluido aëreo fufpendere corpus humanum, unà cum phiala.

At quàm fit vana eorum fpes, facile percipimus, cum fabricari debeat vefica ex duro aliquo metallo, veluti ex ære, aut aurichalco, ex cujus interno *ventre* aër omnino exfurgatur, & tollatur, ſitque tantæ vaſtitatis, ut vas tam grande in medio aërei fluidi occupet ſpatium aëris quod æque pendeat, ac vaſta phiala metallica, una cum ipſo homine ei alligato : quæ proinde plus quàm viginti duo mille pedes cubicos occupare deberet ; & ideo lamina illa ſphærica ad inſignem ſubtilitatem redigi deberet. Talis porro membranoſa phiala, nec fabricari, nec conſervari poſſet, neque ullo organo pneumatico exinaniri poſſet, & multo minus ope hydargyri, cujus tanta copia nec reperiretur in terra nec tractari poſſet, & licet immenſa illa vacuitas induceretur, tamen membranoſum illud *vas* æreum reſiſtere non poſſet contra validam aëris compreſſionem quæ *vas* illud diffringeret, aut contunderet.

Omitto quod tanta machina æque gravis ſpecie, ac aër eſt, in eodem præciſo æquilibrio cum aëre conſervari non poſſet; & ideo aut invite aſcenderet ad ſupremum aëris confinium ad inſtar nubium, aut caderet in terram. Rurſus moveri tanta moles volando non poſſet ob aëris reſiſtentiam, ſicut plumæ, & ampullæ aquæ ſpumoſæ difficile per aërem moveri poſſunt cum potius à qualibet levi aura impellantur, ſicuti nubes, aëri æquilibratæ, à quolibet vento agitantur.

Hinc admiratio ceſſat, quare natatum piſcium

in aquam tam facilem & volatum avium per aërem natura tam difficilem inſtituit, quæ aliunde ubique compendia ſtudioſe ſectari ſolet : videmus enim, quod piſces ſponte, & abſque ullo laborioſo conatu ſuſpenſi & æquilibrati, in medio aquæ perſiſtere poſſunt, & facillime aſcendere, & per eam deſcendere; & ſolummodo vi muſculorum transferuntur *tranſverſe* & *oblique* veloci curſu. E contra aves innatare non poſſunt in medio aëris, ſed ſuſpendi debent violentia continua à vi & facultate projectitia non externa, ſed naturali & intrinſeca, contrahente muſculos pectorales, à qua frequens ſaltus per aërem repetuntur, qui requirunt vim ingentem ; eo quod non ſunt innixis pedibus ſolo firmo, ſed innixis alis ſuper fluidiſſimum, & maxime diſtrahibilem aërem.

Aſſero nihilominus, quod actio volatus non eſt prolixa, immo eſt ſimpliciſſima, & facillima inter modos poſſibiles, quibus volatus effici poterat. Et ratio quare non fit eodem modo, ac natatus, eſt quia natura non aggreditur impoſſibilia : quippe aquæ valde ponderoſæ facile piſces æquilibrari poterant : at eſt impoſſibile ut aves, compoſitæ ex *oſſibus, carnibus & fluoribus*, bis millies gravioribus aëre, cum eo æquilibrari poſſent.

ADDITION.

LE Mercure de France du 12 Juin, contient une lettre écrite de Caën, où Léibnits est présenté comme ayant droit à l'invention de l'art du vol. L'auteur de cette lettre n'a pas assez étudié ce savant illustre. Il s'est servi de l'édition de M. du Tens, faite à Genève, chez les frères de Tournes. Le passage qu'il en a extrait page 13, de la seconde partie du tome II, est exact, & il contient une théorie inexécutable. Léibnits y offre idéellement à l'imagination, un globe de verre; mais il savoit très-bien qu'on ne peut pas se le procurer assez grand & assez solide pour qu'après en avoir pompé l'air, il fût tout à la fois plus léger que l'air déplacé, capable de résister à la pression de l'air environnant, & d'enlever le poids de l'homme. Aussi lorsqu'il traite de la pratique de l'art, aux pages suivantes 84, 85 & 86, où le verre est rejetté, il y commente & critique Lana, & conclut que, si le rayon de la sphère étoit tel qu'il l'exigeoit, l'épaisseur du métal devroit être $\frac{1}{2500}$ partie de pied, ce qui est moins que $\frac{1}{200}$ de pouce, & ne peut pas se faire. *Quod si sphæræ radius esset ut Fran. Lana volebat, crassities me-*

talli deberet eſſe $\frac{1}{2500}$ pedis, id eſt, minus quàm ducenteſima pars pollicis, quod fieri nequit.

Ce problême eſt-il réſoluble en agrandiſſant la ſphère? Léibnits en affirme la poſſibilité théoriquement; toutefois, ajoute-t-il, dans la pratique la conſtruction d'une ſphère auſſi immenſe, même de métal, cuivre ou fer, ſurpaſſe les forces de l'homme. Ainſi Dieu, s'il eſt permis de le dire, a oppoſé ce verrouil aux efforts humains. *In praxi tamen tam immenſæ magnitudinis ſphæras conficere, & quidem ex metallo, velut cupro aut ferro, ſuperat vires humanas. Itaque hic peſſulum, ut ſic dicam, humanis conatibus obdidit Deus.*

Je conclus donc que Léibnits n'a rencontré qu'une porte fermée au verrouil, où MM. de Montgolfier ont trouvé une bonne clef.

Léibnits a rapporté, tome VI, pages 298, 313 & 319, une penſée de Campanella, que l'homme pourroit trouver l'art du vol, ſi ſa ſageſſe acquéroit un plus grand eſſor; & deux anecdotes, l'une de Duſon, mécanicien, qui avoit promis envain aux princes de Brunſvick, une machine pour voler; l'autre de Buratini, qui, dans ſa jeuneſſe, en avoit fait un modèle.

FIN.

ERRATA ET OMISSIONS.

Page 5, *lig.* 11, considérées, *lis.* considérés.
Ibid. lig. 12, extravagantes, *lis.* extravagans.
Page 84, *lig.* 26, *ajoutez* : M. le marquis d'Arlandes a conçu encore deux autres moyens pour éviter les dangers du feu, un éteignoir de tôle de la grandeur du réchaud pour le couvrir au besoin & sur-tout au moment de la chûte ; & deux grands bâtons ou perches pour placer dans l'intérieur de l'Aérostat, afin d'empêcher la chûte de l'enveloppe sur le réchaud. Il a, de plus, fait fabriquer une ancre pour fixer l'Aérostat à sa descente. Lana avoit déjà indiqué ce dernier moyen.
Page 109, *lig.* 10, *ajoutez*, & un pendule pour en observer les oscillations aux différentes hauteurs.

APPROBATION.

J'AI lu par ordre de Monseigneur le Garde des Sceaux, les *Recherches sur l'art de voler, pour servir de supplément à la Description des Machines aérostatiques* : je n'y ai rien trouvé qui puisse en empêcher l'impression. A Paris, ce 2 Juillet 1784. *Signé* SAGE.

Le Privilége se trouve au Volume de la *Description des Expériences de la Machine aérostatique de MM. de Montgolfier.*

De l'Imprimerie de CHARDON, rue de la Harpe.

www.ingramcontent.com/pod-product-compliance
Ingram Content Group UK Ltd.
Pitfield, Milton Keynes, MK11 3LW, UK
UKHW021153260726
13994UKWH00001B/427

9 782329 385532